徐霞客传

王金锋 编著

国文出版社
·北京·

图书在版编目（CIP）数据

徐霞客传 / 王金锋编著. -- 北京：国文出版社，2025. -- ISBN 978-7-5125-1840-7

Ⅰ.K825.89

中国国家版本馆CIP数据核字第2024LK9219号

徐霞客传

编　　著	王金锋
责任编辑	罗敬夫
统筹监制	杨　智
责任校对	周　琼
出版发行	国文出版社
经　　销	国文润华文化传媒（北京）有限责任公司
印　　刷	文畅阁印刷有限公司
开　　本	880毫米×1230毫米　　32开
	6.5印张　　　　　　　135千字
版　　次	2025年3月第1版
	2025年3月第1次印刷
书　　号	ISBN 978-7-5125-1840-7
定　　价	59.80元

国文出版社

北京市朝阳区东土城路乙9号　　　邮编：100013
总编室：（010）64270995　　　　 传真：（010）64270995
销售热线：（010）64271187
传真：（010）64271187-800
E-mail：icpc@95777.sina.net

徐霞客(1587—1641年),名弘祖,字振之,号霞客。明代地理学家。南直隶江阴(今江苏江阴)人。幼年好学,博览图经地志。因明末政治黑暗,不愿入仕,专心从事旅行。足迹所到,北至燕、晋,南及云、贵、两广,旅途中备尝艰险。其观察所得,按日记载。去世后由季梦良等整理成《徐霞客游记》。

《徐霞客游记》主要按日记述徐霞客于1613—1639年间旅行观察所得,对地理、水文、地质、植物等现象,均作详细记录,开中国地理界系统观察、描述自然的新方向;对西南边区地理,提供不少稀有资料;有关石灰岩地貌的记述,早于欧洲人一个多世纪。文笔生动,记述精详,也是很好的文学作品。

目 录

第一章 少年立志云游
书香门第出生的孩子 …………… 003
崇尚求真务实的主张 …………… 007
立下云游四方的志向 …………… 017
人生的第一次游历 ……………… 026

第二章 遍游附近名胜
第一次畅游天台山 ……………… 033
饱览雁荡山的美景 ……………… 042
顶风冒雪参观齐云山 …………… 050
乘兴游览安徽黄山 ……………… 054
休整后赴江西庐山 ……………… 065
再游黄山寻找胜景 ……………… 076
到九鲤为母亲祈福 ……………… 079

第三章 进行远程环游
拜访仰慕已久的嵩山 …………… 087

仓促的西岳华山之旅 …………………… 097
顺道拜访湖北武当山 …………………… 102
再度探访浙江天台山 …………………… 112
寻找大龙湫的源头 ……………………… 117
专程拜访山西五台山 …………………… 121
抄近道赶赴北岳恒山 …………………… 126

第四章 开始西南万里行

开始艰苦的万里西游 …………………… 133
春节期间游览武功山 …………………… 141
沿路进行山洞探险 ……………………… 144
深入考察南岳衡山 ……………………… 149
在湘江遭遇强盗袭击 …………………… 162
乘间隙进行环湘南游 …………………… 166

第五章 远游与回归

沉醉在桂林山水间 ……………………… 175
在贵州山区冒险旅行 …………………… 180
入滇完成两件大事 ……………………… 184
畅游云南美丽的风光 …………………… 188
回到日思夜想的家乡 …………………… 194

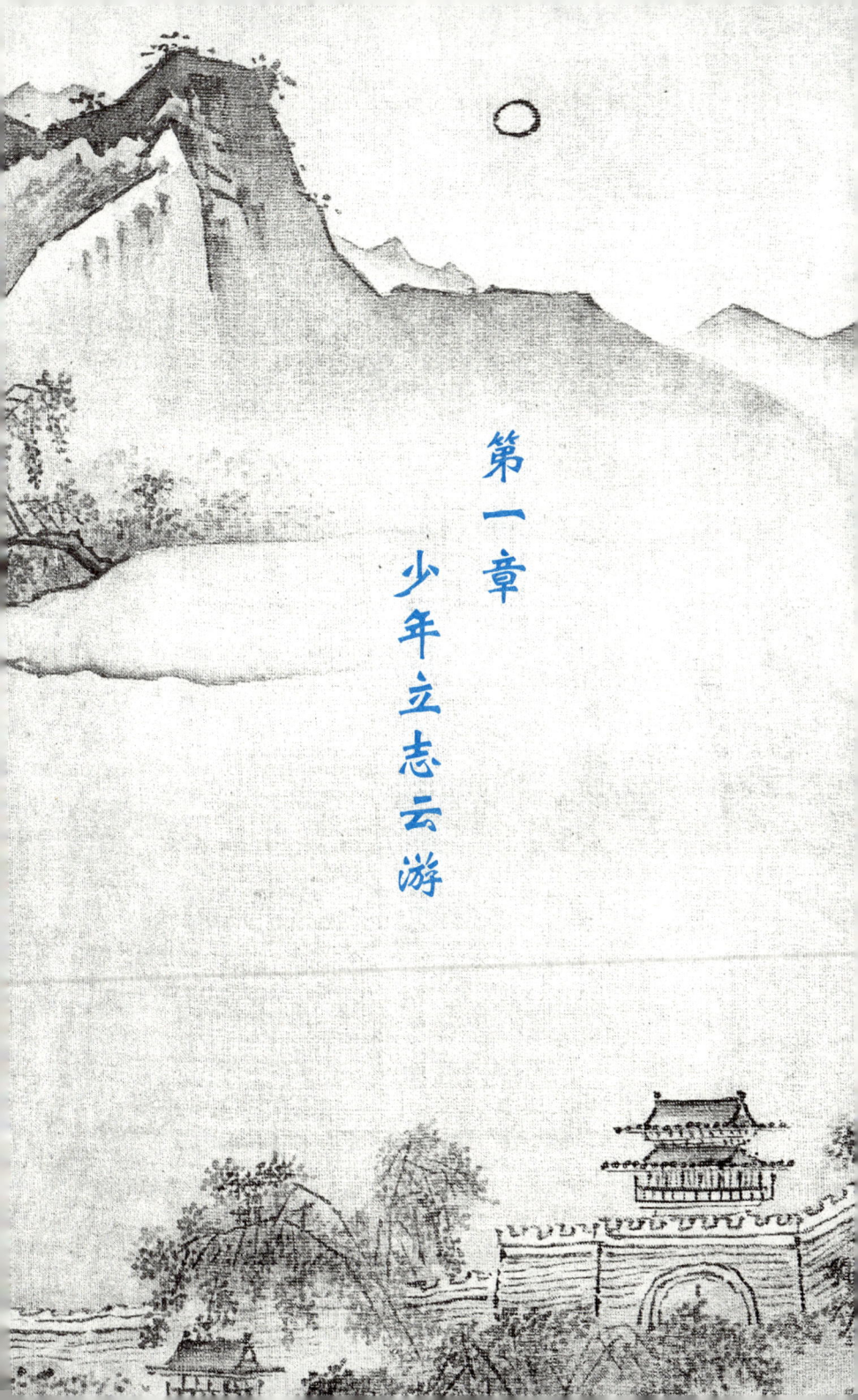

第一章 少年立志云游

第一章 | 少年立志云游

书香门第出生的孩子

山的北面,水的南面,称为阴。江苏的江阴,因地处"大江之阴"而得名。长江江阴段江面最为狭窄,故江阴自古就为扼守长江咽喉的"第一要塞"。在江阴城南四五里的西顺乡,有个朴素的村庄叫作梧塍里,这是一个河汊纵横、芦苇荡漾的美丽地方。

明朝万历十四年十一月二十七日(1587年1月5日),在梧塍里一个姓徐的人家屋内,传出来低低的妇女呻吟声。几个接生婆子焦急地走来走去,看来是有一个孩子要降生了。

不久,随着婴儿响亮的啼哭,一个男孩来到了世间。据说,他的母亲怀孕的时候,做了个奇异的梦,导致这孩子出生后"绿眼炯炯,十二时不瞑",就是瞳仁大而亮,眼睛很长时间不闭,大家就叫他"餐霞中人"。餐霞,就是指有仙气。因此,有人给这个孩子取号"霞客"。另外有说法是,由于他后来长大了游踪飘然,如天上的云霞,所以朋友们赠他的雅号叫"霞逸""霞客"。

徐家位于梧塍里村东,是当地的豪门大户,有十三进一百零十七间的大宅院。徐氏是江阴的名门望族,其一世祖徐锢在宋朝的时候做过京城开封的府尹,位高权重,为徐家奠定了

家业。

北宋灭亡后，徐氏带了大批文献，跟随宋王朝仓皇南迁，定居江南。四世祖徐守诚于南宋宁宗庆元年间（1195—1200年）曾出任吴县（今江苏苏州市吴中区）县尉，举家迁到苏州。虽说徐氏在苏州的时间并不长，但从此在苏州留下一些社会关系，后来演变成了世交。

蒙古骑兵入驻中原后，徐守诚的长子徐千十一为了保持民族气节，发誓不在元朝做官，便从苏州迁至江阴的农村梧塍里，过着耕读为业的隐居生活，所以徐千十一实际上是梧塍里徐氏的始祖。

徐氏先祖迁到江阴梧塍里后，重视农耕，兴修水利，置田兴业，发展经济，逐渐成了有名的江南富户，为徐家奠定了坚实的经济基础。

在当年，徐氏南迁时曾经携带了大批的中原文献，再加上历代收集，后来专门筑了一个藏书楼来收藏，这就是大名鼎鼎的"万卷楼"。其中有诸子百家、图经方志、堪舆星象、神话异志等各种书籍，堪称包罗万象。

徐家在元末明初有"文献巨室""书香盛家"的美称。元末画家倪云林与江阴徐氏的第八世祖徐直的友情很深，绘制了《书屋图》赠予徐家。明初著名学者宋濂在梧塍里教过徐氏九世祖徐麒。

徐氏先祖喜欢以文会友。而吴中才子都是江南文化教育界的名人，他们也喜欢广交朋友，切磋书画诗文，这就与徐氏先祖志趣相同,他们在一起有共同的爱好,有共同的语言,久而久之,逐渐成为莫逆之交。

明成祖永乐十九年(1421年),迁都北京。直到这个时候,徐家才又有人出来做官。徐麒受到明朝廷的诏令,出使西蜀,招抚羌人。徐麒此行不辱使命,声名大振。后来,徐麒辞官荣归故里,广置田产,拥有近十万亩土地,成为当时江苏最大的地主。

梧塍里徐氏家族全盛的时候,有土地近千顷,房屋五千多间,府内水井十八口,西有双凤桥,东有青龙桥。东南西北有护庄河,河外种植了大片梧桐树,密密麻麻,好似一道绿色的屏障,梧塍里由此得名。

江阴徐氏的十世祖、徐麒的长子徐忞,在家乡修筑了"梧塍十景"过着闲适的隐居生活,即:梧塍先陇,长寿幽居,梅窗诗思,竹屋书声,黄塘春涨,毗岭晴岚,西畴稼穑,北墅桑麻,南浦渔歌,东原牧笛。

徐家富而有仁,明英宗正统六年(1441年)遇灾荒,徐忞奉父亲徐麒之命,与弟弟一起捐粟四千石赈灾。在明英宗景泰年间,蒙古族的瓦剌部入侵,边关军情紧急,徐家又捐助鞍马数百匹,为此皇恩下达,赐以冠服,旌为义民,在祖茔东原建造了"旌义坊"。

第二次赈济灾民后,皇恩又下达,在梧塍里建造了"皇恩二下坊"。人们至今还能见到一截残破的坊柱。

徐氏先祖"富而有仁"的名声传遍了大江南北,吸引了众多

文人墨客慕名踏上梧塍里这块土地。

除了江南才子文徵明、唐伯虎、祝枝山之外，还有董其昌、施耐庵、宋濂、都穆、钱福、钱谦益等著名人士，或在徐家当塾师，或到徐家读书、赋诗、绘画、饮酒，这在当地传为佳话。

文徵明的父亲文林，少年时随其父亲文洪到徐家读书，与江阴徐氏第十一世祖徐颐及其儿子徐元献非常熟悉，友情深厚。

明宪宗成化八年(1472年)，文林中进士，在浙江永嘉、博平当过知县，后升官到南京，任太仆寺丞。"太仆寺丞"是个掌管牛、马、羊、猪的官，可能当得没有意思，就告归回了吴中。几年以后，文林又被起用，当了温州知府。文家与徐家往来不绝，终成世谊之交。

崇尚求真务实的主张

徐家新添男儿，自是喜气洋洋，家里为男孩取名弘祖，字振之，从这个名字中就可以看出徐家人对这孩子弘扬和振兴家业的期望。但是，大家还是习惯叫他"霞客"，希望他一直带有仙气，长大后能够有不一般的大作为。

徐霞客年幼时，体态修长，瑞眉端正，双颅峰起，首额饱满，双目炯炯，是个好学好礼的聪明孩子。他五岁就读于私塾，不久就能文能诗。

徐氏的十一世祖徐颐，曾经官至中书舍人。后徐颐因病回乡，在空闲的时候，亲自督促子孙们的学业。他是一个非常严厉的长辈，从来不让孩子们穿奢华的衣服，也不让他们整天大鱼大肉地吃喝和没日没夜地出去玩耍。

徐颐授课的学馆在徐府的后园中，里面有很多的书籍。他每天亲自授课、检查作业，早晨上课一直到深夜才结束。他还不惜重金为子孙们聘请名师，其中有松江状元钱鹤滩、吴中才子文徵明的祖父、翰林检讨张亨的父亲等。可见徐家对教育的重视程度。

然而，徐家后人的仕进之途并不顺利。在古代，选拔官吏

主要靠科举考试,即便有人通过其他途径当了官,说起来总是让人有些瞧不起,在同僚面前也抬不起头来。

徐霞客的太祖徐元献天资颖异,十岁能赋诗,长大后学习举业,并博览古经史传、秦汉文辞。可是参加乡试时,居然意外地落第而归。他非常失望,最后竟然一病不起,二十九岁就不幸英年早逝。

徐元献的儿子徐经是徐霞客的高祖父,他虽然很小就没有了父亲,但是他在学业方面十分上进,据说钻研学问时,即便大厦将倾、金珠委地,也不能让他分心。

为了继承父志,金榜题名,徐经将一切家计都交给母亲和妻子,自己到"万卷楼"苦读,经常与志同道合的人辩论学习,不知疲倦。功夫不负有心人,明孝宗弘治八年(1495年),徐经乡试中举。

徐经的文章才华与当时的吴中才子唐寅齐名。唐寅,字伯虎,号"六如居士",吴县人,弘治八年乡试获第一名,明代杰出的画家、文学家。

唐伯虎与徐经同年中举,他们从小相识,经常在一起赋诗会文。大比之年,两人相约同船赴京参加会试。徐经为人十分豪爽,在京城等待会考期间,带着唐伯虎拜访了不少达官贵人,其中也包括当时主考官大学士程敏政。由于徐、唐两人在京师的行动惹人注目,会试中三场考试结束,便满城流言蜚语,说唐伯虎和徐经买了考题。

由于后来的考试两个人都十分出色,也由于考试前徐经带着唐伯虎到程敏政家串了门,那些嫉恨他们才华的人终于抓住把柄,向有关方面打了小报告,说是江阴富人对主考官程敏政的家童行贿,并得到了试题。

主考官李东阳在主考中发现"举人徐经、唐寅预作文,与试题合"。于是,徐经和唐寅成了科场舞弊案的主角。在当时,明朝官场派系林立,于是"泄题事件"便成了导火索,大家互相弹劾,斗得不可开交。

最后,把弘治皇帝给斗恼了。程敏政、徐经和唐伯虎被打入大牢,受尽冤屈,吃尽苦头。后来经过审查,这一科场舞弊案以"事出有因,查无实据"结束。

几人虽然重获自由,但明政府为了减轻社会舆论的压力,仍然对徐经和唐伯虎终身取消科考资格,发回县衙作小吏使用。另外,对主考官程敏政罢官,对告发者华昶作降职处分。

唐寅回家后引以为耻,拒绝出任。徐经回到梧塍里老家,闭门谢客,继续读书。明孝宗驾崩后,徐经盼望能够得到朝廷的赦令,于是北上京师探听消息,却不幸在京城病逝了。

徐经虽然仕途坎坷,但是家财宏富,他在江阴梧塍里、南砀岐(位于今江苏省江阴市马镇,现名霞客村,是徐霞客故居所在地)沙山等处有地近四万亩。即便如此富有,像徐家这样的望族还是会将当官作为正道,这是生活在那个时代不可避免的局限。

徐经有三个儿子,但只有次子徐洽继承父志攻举子业。徐洽从小聪颖有文采,由博士子弟补国子监生,每次考试都得第

一,然而七次参加会试都榜上无名。

徐洽有五子,长子衍芳博览群书,为人温文有礼,颇具名门风范。其父科场失意,寄厚望于衍芳,特地修筑了一座书屋让他诵读其中,名"湖庄书屋"。

兄弟分家时,徐衍芳虽然身为长子,却主动放弃祖屋而搬去书屋居住,精研静虑以求科举得中,结果却像其父亲一样屡试不中,饮恨终身。

徐衍芳有六子,第三子徐有勉就是徐霞客的父亲。虽然徐氏祖先不乏在朝为官者,但是科举之路走得都比较艰辛,这直接影响了徐有勉的人生志趣,继而也对徐霞客产生了一定的影响。

徐有勉,字思安,号豫庵。他为人本分,急公好义。十八岁时,兄弟分家产,虽然按照规则,他一再投中祖上的大屋,却坚决辞让,去了偏僻的"湖庄书屋"。

徐有勉的妻子王孺人是个了不起的女人,治家颇有一套。她从小就聪明机智。在她十一岁时,为了躲避倭难而投奔无锡的亲戚家,看到亲戚家门户紧闭而且杂物乱堆,好像破落人家一样,她就推断倭寇即将来临。于是,她毅然带领全家人火速奔向无锡城内安全之处藏身,终于使全家人都躲过了一劫。

王孺人从小学会了操持家务,勤于织布,是位贤淑女子。特别是嫁到徐家后,更是孝敬长辈,敬爱丈夫,重视教育儿子。她知书达理,也绝不勉强儿子徐霞客以科举为前途。

随着徐霞客的成长,他除了对科举心生厌倦外,明末日渐腐朽的社会环境,也使他开始放弃仕途并寄情山水。他不再像祖辈、父辈们那样沉迷于科举之路,不再整天埋头于书房苦读,渐渐地对枯燥乏味的八股文章厌恶起来。

徐霞客每天把祖辈们收藏的"杂书"偷偷带到私塾里去读。那些地理游记、名人轶事、风土趣闻,对他的吸引力是非常之大,以至有时读着读着,竟然忘记身在课堂,情不自禁地笑出声来,因此,他经常遭到先生训斥。

徐霞客对先生要求必读的《三字经》《千字文》,以及"四书五经"之类虽然不甚喜好,但也能熟读成诵。有次上课,先生正襟危坐传授《论语》,一名学生哧哧地笑了起来。大家回头一看,竟是徐霞客!

原来,徐霞客把《水经注》放在《论语》下面,偷偷地看得兴起,不禁眉飞色舞,笑出声来。先生颇为恼火,梆梆梆地敲着戒尺,责令他把刚刚讲授的《论语》背出来。徐霞客起身向先生鞠了一躬,朗声背起:

子曰:君子食无求饱,居无求安。敏于事而讷于言……

老先生非常惊讶,打断他说:"唉!可惜可惜,你这般聪颖,却不苦读圣贤书,否则,将前途无量也!"

先生无奈地摇摇头,并将《水经注》还给了徐霞客。他回敬先生深深一揖的顽皮样子,再一次把同学们逗得哄堂大笑。

先生经常把徐霞客的"劣迹"报告给他的父亲,要他父亲严加管束。谁知,父亲知道了不但不生气,反而大喜过望,并亲自

介绍一些书给儿子读。

父亲房间有许多关于古代旅行家的书,徐霞客常常悄悄地拿出来看,里面许多惊险、新奇的故事情节,令徐霞客非常着迷,他十分向往自己有一天也会经历那些惊险与新奇。

有一次,徐霞客又偷偷地在课堂上看那些地理书,先生在讲台上口若悬河,他却在下面看得津津有味。先生发现后十分生气,对他说:"徐弘祖,你在看什么,像你这样不好好学圣人经文,看这些无聊的闲书,有希望求取功名吗?"

徐霞客站起来理直气壮地说:"我长大后要做穆天子、司马迁、班固那样的人,游历天下。"

先生对徐霞客的态度感到十分气愤,再次向他的父亲告状。父亲听后,没有打骂儿子,而是耐心地教导他说:"孩子,你还小,需要在学馆里好好学习,等你掌握了一定的知识后,再去读其他的书,不是更好吗?"

徐霞客却坚定地说:"父亲,孩儿对'四书五经'一点兴趣都没有,那些书实在太死板了。"

父亲听后,脸色越来越难看,平心而论,父亲更希望儿子走仕途,只有这条路,才能当官,才能光宗耀祖。可眼下儿子却无心于功名利禄,这可真让父亲左右为难。

懂事的徐霞客看出父亲的心事,便对父亲说道:"好吧!父亲,我以后会用功读书的。"

徐霞客年长之后回忆说,自己很早就有遍游五岳的志愿,对科举应试的事,则非常不感兴趣。

由于明朝国力渐衰,崛起于关外的满族人逐渐不服明朝中央政府的管辖,以至成为明朝的心腹大患。面临这种国事日非的形势,一些知识分子发出了关心国事、改革弊政的呼声。

在朝的东林党人则遥相呼应,主张整饬吏治,限制宦官专权。这就大大触犯了以魏忠贤为首的阉党集团利益。于是,魏忠贤利用东厂等特务机构,大肆迫害东林党人。

著名东林党人杨涟、左光斗、缪昌期、高攀龙、魏大中、周顺昌等,有的在牢狱中死于酷刑,有的被逼自尽。徐霞客与无锡的东林党人多有接触,这样切近的政治事件不可能不对他产生深刻的影响,其结果便是对官场的深恶痛绝。

由于朝政昏乱,阉党横行,再加上连年灾荒,民不聊生,而统治者依旧搜刮无度,致使民怨沸腾,进一步加剧了社会动荡。徐霞客的家乡江阴及邻近地区也接连发生了抗租抗税、反对阉党的斗争。

徐霞客十六岁那年,苏州以丝织工人为主的市民数千人包围署衙,打死税吏,焚烧税卡,朝廷派兵镇压后激起了更大的反抗。后来,苏州又发生了市民阻抗阉党抓捕著名东林党人周顺昌的事件,遭镇压时五义士挺身赴难。

徐霞客的好友文震孟、陈继儒等文坛领袖均有参与,为民变而死的葛成和后来的五义士墓碑、墓志也都是他们题写的。

明末的剧烈动乱将明王朝自身推向了绝路,也使士人们深感前途无望。作为士大夫后裔,又和东林党人交往密切的徐霞客,对黑暗现实的感受尤为深刻,这无疑促成了他选择一条与

前人完全不同的人生之路。

徐霞客选择游历作为他的人生目标，还与当时务实开放的时代风潮密不可分。万历皇帝在位期间，明王朝走向衰败，人们的思想却走向了活跃和开放。

在此期间，中国出现了资本主义萌芽。外国传教士也纷纷来华，例如，意大利传教士利玛窦就觐见过万历帝。整个社会开始西学东渐，反对封建礼教，要求个性解放。

徐霞客的家乡地处长江三角洲的商品经济发达地区，此时手工业中已经出现了资本主义生产关系的萌芽。而徐霞客的家族之所以能够家道中兴，最初靠的也是开办纺织作坊。

商品经济的发展带动了一大批新兴产业的崛起，富商巨贾不断涌现，市民阶层和雇工队伍也日渐壮大。随着社会经济的发展、生产关系的进步，必然伴随着新思想观念的出现。

以王艮为开山鼻祖的泰州学派开启了实用主义思想的风潮，向把宋明理学推向极端的"心学"发起了挑战，提出了"百姓日用即道"的务实主张。

这一主张反映了新兴市民阶层的需求，在民间流传甚广。稍后，由泰州学派孕育出的大思想家李贽高举"童心"说，向虚伪的"存天理，灭人欲"发起了进攻，是为思想解放的先锋。

在这以后，以顾宪成、高攀龙为领袖的东林党人又提出了"经世致用"的主张。徐霞客与东林党人来往密切，与高攀龙、钱谦益等人接触频繁，所以受"经世致用"说影响很大。

徐霞客逐渐成了"经世致用"学说的积极倡导者。他认为，

第一章 | 少年立志云游

与其皓首穷经,不如穷游天下。能够考证明白一条江的来源,了解一地的风土人情,不也是一种学问吗?从这一点来说,徐霞客的选择也顺应了明末思想大变革的时代潮流。

与徐霞客同时代的很多进步知识分子认为程朱理学尚空谈,不务实。加上此时中国与西方国家的接触日益密切,国外先进的科学知识传入中国,在一定程度上开阔了国人的眼界。

当时的农学家、天文学家、数学家徐光启,虽然也由八股而入仕为官,但他接受了西方的先进科学思想,跟随利玛窦学习天文、几何、历算和火器等。

徐光启毕生致力于数学、天文、历法、水利等方面的研究,勤奋著述,尤其擅长农学,并且还将拉丁文版的《几何原本》翻译成中文,最后居然还受洗成了天主教徒。

这个时代还出现了著名科学家宋应星,他一生致力于对农业和手工业生产的科学考察和研究,思想上的超前意识使他成为一位思想家,对封建主义和中世纪学术传统持批判态度。

同时代的还有医药学家李时珍,既"搜罗百氏",又"采访四方",深入实际进行调查,弄清了许多中医药学上的疑难问题。他历经二十七个寒暑,三易其稿,于明神宗万历十八年(1590年)完成了一百九十二万字的巨著《本草纲目》,被后世尊称为"药圣"。

受上述三人影响,徐霞客的思想也充满了"知行合一"的理论。他将"读万卷书"与"行万里路"结合起来,以实地考察核实前人著作的真伪。

徐霞客的行为符合当时求真务实的历史背景,作为个人,走上科学考察的道路是一种偶然,但是作为社会的一分子,有这种举动却也是历史发展的必然。

立下云游四方的志向

徐霞客的山水之志,更主要和直接的来源是父亲的榜样、书籍的熏陶和母亲的支持。按照家族传统,徐霞客理当继续走先辈走过的路,努力攻读"四书五经",求取功名,入朝为官,光宗耀祖。

但是,徐霞客受父亲的影响,同时也由于超脱的个性,从小不喜欢八股文和世俗功名。他对科举考试要求的经书不感兴趣,却特别喜欢看奇书异志,一心只想徜徉于山水之间探幽览胜。

徐霞客年少时曾经发出这样的感慨:

丈夫当朝碧海而暮苍梧,乃以一隅自限耶?

大意是说,男子汉大丈夫应该遍游大好河山,怎么能够局限于一个小角落呢?他常说"余髫年蓄五岳志",就是说"我幼年就怀有游历五岳的志向"。

徐霞客家正厅前面天井东侧有一棵高大的罗汉松,亭亭如盖,枝繁叶茂。这棵罗汉松年龄比徐霞客还大。据说,徐霞客的祖父曾于京城带回一个盆景罗汉松,直到徐霞客出生后才把盆

里的罗汉松移栽到庭院里了。

随着徐霞客一天天长大,这棵被移栽到庭院的罗汉松,也得地气之盛,生机勃发,不断壮硕成长。于是,徐霞客就从这棵罗汉松身上获得了某种神奇的感悟与力量,他立定志向:不做盆中景,要做凌霄松。

说来也神奇,这棵并不算高的罗汉松,后来其树干粗到需要两个人才能合抱,而且上下几乎同粗细,通直而立,无枝无蔓,顶如绿云华盖,苍翠欲滴。人们说,它曾在某个电闪雷鸣的夜晚被拦腰劈断,遭受重创;然而,它却依然挺立着,并且后来从折断的创口处发出幼芽新枝,昂扬地宣示着它的生命力。

徐霞客从小就很聪明,最喜欢涉猎历史、地理和探险游记一类书籍。为了不被塾师发现,他常常在令人厌烦的经书的遮掩下偷偷阅读这类书,读到入神之处,不免眉飞色舞。

转眼间,徐霞客到了考秀才的年龄,他的地理、历史知识越来越丰富,而且兴趣越来越浓,但对经文、八股却越来越淡漠。为了给父母一个交代,他在十五岁那年勉强参加了科举考试。

在考试前,徐霞客游览了君山(在今湖南岳阳市君山岛风景区),并登上了望江楼。望着滚滚东流的长江,他情不自禁地喊道:"多么雄奇壮观的景象啊!"

身后一位老人问道:"小伙子,你喜欢长江水吗?"

徐霞客连忙点点头。这位慈祥的老人给他讲了许多江岸景点的由来。徐霞客见老人知道这么多事情,就忙问:"老人家,听说长江水是从西蜀流出来的,是这样吗?"

第一章 | 少年立志云游

"书上说它是从岷山西北发源的,可那个地方实在太远了,还没听说有谁到过那里呢!"老人平静地回答。

岷山西北真是长江的发源地吗?源头的景象一定更加令人神往吧!要是自己能到那里亲眼看看该有多好啊!徐霞客的心似乎已经飞向巍峨的山岭、奔流不息的江河。于是,他暗暗下定决心:"总有一天,我要去长江的源头,我要游遍天下的江河山川!"

考试结束了,徐霞客榜上无名。他回到家里后,虽然父亲仍然督促他继续读书,来年再考,可他对功名已没有兴趣了,便索性摒弃了"四书五经"等参加科考必备的书籍,开始一心钻研古代史籍、地理书籍、图经(附有图画、地图的书籍或地理志)和地方志等。他整天泡在父亲的藏书楼,遨游在书海中,如饥似渴,孜孜不倦。父亲见儿子确实是无意功名,也就不再勉强他,就鼓励他博览群书,做一个有学问的人。

徐氏自一世祖徐锢开始就广有典籍,日积月累,到太祖元献时,万卷楼已经修成,加之徐霞客的祖父徐衍芳分得的祖产就是"湖庄书屋",徐霞客可以取用的书籍是非常多的。

这些藏书不仅为徐霞客开阔了眼界,帮助他确立了人生志向,更为他以后的考察工作提供了大量文献支撑。——这使得他,对于所要精研的舆图方志、所要考察的文物典章,均可随时取用,无须辗转得来。

徐霞客遍读了先祖的藏书,还不断添置新书;只要看到奇书,哪怕是不吃饭不穿衣也要买。他读书认真细致,且记忆力

十分惊人,对别人所提的问题总能说得明明白白,因此被人称为"博雅君子"。

有一天,一位客人正和徐有勉谈论游览太湖包山的经过,还说到了山上的林屋洞,客人便向徐有勉求教道:"徐先生,听说书上记载,林屋洞很长,可以通向四方,不知是哪四方呢?"

徐有勉紧锁双眉,一时记不得了,这时徐霞客连忙对客人说道:"大叔,你说的是《郡国志》吧?上面记载说,林屋洞东通王屋,西达峨眉,南接罗浮,北连岱岳。"

徐有勉十分惊讶,他想不到儿子对地理知识如此熟悉,简直是倒背如流。看来,让儿子走仕途是白费心机了。

经过这件事后,徐有勉思量再三,把儿子叫到跟前,语重心长地说:"弘祖,你已经长大了,看得出你的心思不在功名上,父亲也不再勉强你。不过,你选择的是一条充满艰辛而又需要付出巨大代价的辛苦之路啊!"

徐霞客听完父亲的话,像见到了雨过天晴的太阳,高兴得跳了起来。他信心十足地对父亲承诺道:"只要能游历天下,再苦再累,孩儿也心甘情愿。"

从此,徐霞客告别了"四书五经"等书,在父亲的指导下刻苦钻研地理知识,这些知识为他日后游历山川河流打下了坚实的理论基础。

因为徐霞客的志趣异于常人,当时有人认为他言行怪诞,他也不管不顾,一心一意搜求逸事与奇书。有时遇到意趣相投的词人酒客、亲朋好友,他们就在一起觞咏流连,通宵达旦。

第一章　少年立志云游

在对地理学书籍的阅读比对中,徐霞客发现了前人的很多不足之处,有的书言辞模糊、不知所云,有时不同的书对同一个地区的描述大有出入,大概是因为编书的人对书中所记内容没有进行实地考察验证,只是互相抄袭,以讹传讹,最终导致错误百出。于是,他暗下决心,日后一定要穷一己之力探究个明白。

江阴马镇南旸岐村前有条叫沈塘河的小河,河上有座石板桥,被称为胜水桥。石桥的两端,有用条石砌成的石级。石级承载着宽大平直的石板,连通两岸。

徐霞客时常与村里的小伙伴在沈塘河中戏水,在岸边的茫茫芦荡里刨芦根、芦笋,或者捉迷藏。更多的时候,他喜欢独自一人站在胜水桥上,望着远去的船只,在心中驰骋他的美丽梦想。他知道,顺着沈塘河出去,可以到马镇,到古老的运河,到太湖和无锡,到很远的地方……他不禁说道:"什么时候我才能一览国家的山河之胜呢?"随后他扯了一根芦苇,轻轻地吹起了芦哨。

徐霞客的父母艰难创业,使得家道中兴。发家后,夫妇二人修筑田园,过着安静的隐居生活。徐有勉常常带着几个奴仆,有时乘船,有时坐轿,在苏杭之间观赏湖光山色,品评甘泉新茗,悠然自得。可以说,徐霞客对旅行产生兴趣,和父亲的影响有莫大的关系。

也许是有感于祖辈和父辈的科场遭遇,徐有勉拒绝入仕。有一次,他与几位朋友在一起喝茶闲聊,其中一位朋友问他:"你家有田有钱,为何不花些银两谋个官职?"徐有勉看了看这位

仁兄说道:"莫非尊驾不晓得我生性厌恶为官?何况捐个官职这种龌龊之事,仁兄竟说得如此轻巧!仁兄若还当我是朋友,还请今后再勿提及此等事情。"

徐有勉不仅不愿做官,而且讨厌与达官贵人打交道。有一天,他在庭院中修剪花木,仆人来报,说有两位官员要前来拜访,轿子就快进村了。他一听,忙丢下工具躲进了屋后的竹林里。再后来,一旦听说有官员造访,他就干脆到太湖游玩去。

父亲的这种秉性、气质和人生态度,给徐霞客带来了深刻的影响。徐有勉曾对朋友说:"我的第二个儿子弘祖,眉宇之间有烟霞之气,读书好客,看来可以继承我的志趣,我倒不愿意强迫他去追逐功名富贵。"

如果说父亲影响了徐霞客的性格和爱好,那么母亲则给了他物质上的支持与精神上的鼓励。徐霞客的父亲不事稼穑;徐家得以复兴,主要得力于徐霞客的母亲。可以说,徐母支撑了徐家的大半家业。

徐母最初嫁入徐家时,为太翁泡茶,放了两颗桂圆,太翁不吃,并且不高兴地说:"农家怎么能享用如此贵重的东西?"听了太翁的话,徐母感到很惭愧,一直谨慎地收藏着这两颗果核,用来教育子孙时刻注意勤俭。受母亲数十年辛勤节俭的影响,徐霞客并未染上一般纨绔子弟的恶习。徐母不仅勤劳贤惠,而且乐善好施。在饥荒之年,徐母要儿子仿照先祖的事迹赈济灾民。

徐母一生酷爱种豆和织布,她每年都要在篱笆周围广植秋藤,抽条引蔓,使得绿荫满堂。每天一大早,她就带着婢女在藤蔓下面纺织,并让小孙子在旁边吟诵诗文。机声与书声相互应和,徐母在一旁怡然自得。——后来,徐母八十大寿时,徐霞客怀揣着对母亲的孝敬与感恩,请了一位画家为母亲绘制了《秋圃晨机图》,还请了许多文坛墨客为母亲著文题诗。其中有一首题诗这样写道:

豆花棚下鸣机杼,萱草堂中授简编。

正是描绘了徐母在豆棚绿荫下纺线织布的机杼声和子孙们的琅琅书声相应和的生动场景。

徐母种的豆荚果实累累,成筐地送给亲友;徐母织的布轻柔如蝉翼,被称为"徐家布",在市场上能卖到丝绢一样的价格。她还用织布的道理来教育子孙:"百姓的生计以勤劳为本,为人勤劳则日用不乏。如今织布的有无数人,而我们家织的布却能以精良闻名。做学问也是一样的道理啊!"

徐母对儿孙的言传身教,远近闻名,被传为佳话。而她理解、支持徐霞客"屐遍五岳,无负七尺男子"的壮举,更体现了她的胸怀。

徐母为人不仅勤勉达观,而且处乱不惊,具备男子一般的英武之气。在徐霞客十七岁那年,家中发生了一件大事。

有一天,徐父外出久久未归,家人四处打听,杳无音信。第二天傍晚,一个陌生人送来一封信便匆匆离去。打开信一看,全家人惊呆了,原来徐父被强盗绑架了。绑匪在信中勒索银两,并威胁不许报官,否则便杀了徐有勉。

一家人顿时陷入恐慌。这时徐母镇定地对全家人说："哭没有用,救人最重要。就是倾家荡产,也要把人解救出来。"于是,她嘱咐徐霞客弟兄三人,不得将父亲被绑架的消息透露出去,免得节外生枝。

与此同时,徐母拿出平日里省吃俭用的全部积蓄,还将一些土地和房契作为抵押,勉强凑足银两。经多方营救,才将徐有勉平安接回家中。

徐父本来身体就很虚弱,经过绑架一事的惊吓,身心受到刺激,终因旧病复发,不久便故去了,时年六十岁。父亲的遭遇,使徐霞客更加地看清了动荡的晚明社会的黑暗。

父亲病逝前后,徐家不断地遭到地方豪强的欺辱,导致徐霞客更加厌弃现实社会,希望逃离世俗,寄情山水。

徐父去世时,徐霞客只有十八岁,徐母将家产处置停当之后,一直与徐霞客住在一起。后来,徐霞客的长子徐屺,是他与第一任妻子许氏所生,由于许氏很早就去世了,所以长子一直由徐母抚养;此外,徐霞客常年外出,徐母在家支撑门户,将一切都处理得井井有条,为长期在外远游的徐霞客解除了后顾之忧。如果说,徐母的贤达明理、乐善好施、勤俭持家等属于传统劳动妇女的优良品德,那么,在对待霞客远游这件事上,徐母的见识就远远超出了当时一般妇女的认知水平。

父亲病逝三年之后,服丧期满,徐霞客就想出外游历,以实现自己从小的愿望。但是又惦念家有老母,心中很是踌躇。徐母是个很不寻常的妇人,她了解到儿子的心意后,就勉励他说:

"身为男子,应该志在四方。至于说'游必有方'的古训,也不过是说要计算好路途的远近、时间的短长,能够如期往返就是了。怎么能够为了母亲的缘故羁留家园,好像是圈在篱笆里的小鸡、套在车辕上的小马呢?"

徐霞客听了母亲这番话,非常激动,更加坚定了游历四海的志向。徐母还亲手为儿子整理行装,并说:"儿去游览名山大川,施展才干,实现自我抱负才是。记得回来时,把出行的路线图拿给娘看,给娘讲讲旅途的山水风光、奇闻趣事、风土人情,让娘也长长见识,我就心满意足了!"

说着,母亲拿出一顶专门为了霞客出游而做的帽子,对霞客说道:"儿啊!娘也没什么物件能送给你,就为你缝制了这顶'远游冠',让它为你在路上遮阳挡雨吧。"

徐霞客双手接过"远游冠",感动地跪在母亲面前,喊了声"慈母大人",便泪流满面,不知道该说些什么了。他在心里暗暗地说:"娘啊,儿子决不辜负您老人家的期望!"

从此,徐霞客与母亲约定,每年在春草初萌时出游,在秋叶染霜时归来。二十年间,徐霞客的足迹几乎遍及天下,无不如期而返。霞客每次出游归来,总是采些奇花异果或名贵药材献给母亲。母亲一面听他兴致勃勃地讲述天地之大、风俗之异、山川之胜、文物之丰,一面烹制可口的饭菜,为他接风洗尘,使他备感家庭港湾的温暖。

人生的第一次游历

明神宗万历三十六年(1608年),时年二十二岁的徐霞客戴上了母亲给他的"远游冠",在第二任妻子罗氏的送别下,登上了远游的小船,开始了人生的第一次游历之旅。

此时,徐霞客与罗氏新婚不久,他就出门远行。由此可见,妻子罗氏对他的志向也是非常支持的。

徐霞客首选了太湖作为迈向中华大地旅游考察的第一步。太湖位于长江三角洲的南缘,古称震泽、具区,又名五湖、笠泽,是中国东部近海地区最大的湖泊,也是中国五大淡水湖之一。

太湖横跨江、浙两省,北临无锡,南濒湖州,西依宜兴,东近苏州,以风光之美享誉中华。有关西施与吴王夫差、大夫范蠡之间的恩怨纠葛更是给这一自然美景平添了几分引人入胜的遐思。

太湖中遍布的大小岛屿有四十八座之多,以洞庭西山最大,东岸、北岸有洞庭东山、灵岩山、惠山、马迹山等低丘,山水相连,风景秀丽。两岸山峰号称七十二座,湖光山色,相映生辉,独具不带雕琢的自然美态。

徐霞客首先到太湖旅行,这与他一直以来的一个疑问有关。有一次,他在先秦最富于科学性的地理著作《禹贡》中读到"导河积石,至于龙门",又读到"岷山导江,东别为沱,又东至于澧,过九江……东为中江(下游三江),入于海"时,便与家乡的长江水势联系起来,使他对"岷山导江"产生了疑问。

徐霞客认为《禹贡》的记载有问题,于是萌发了探明江源的打算,他要弄清长江的源头究竟在哪里,"岷山导江"的记载可不可靠。这样,溯江探源就成了他从小就立下的宏愿。

欲弄清《禹贡》"岷山导江"的疑问,方法有两个:一是在书斋中以书证书,采用书证的办法,检验对江源的记载是否正确;二是溯江探源,进行实地考察。

徐霞客当然只能先从书本上找答案。他除了家藏经、史、子、集外,还有大量山经、地志一类的奇书。可是他在尽情阅读之后,并没有找到与《禹贡》记载有不同的书籍,因为谁也不敢冒犯这部圣人立言的经书。

不过,一些记载吴中山水胜迹、名人逸事的书却为徐霞客提供了一个信息,即夏禹除了作《禹贡》传世之外,还有一部藏于石室隐而未见的《素书》。

据吴中《旧志》记载,太湖西山有林屋洞——道家尊为十大洞天中的第九洞天。据《后汉书·郡国志》称,春秋时吴王阖闾派灵威丈人入林屋洞,灵威丈人入洞后秉烛而行,走了七十多天,没走到边就返回了。

灵威丈人从洞里带回了三卷《素书》,呈送给吴王,满朝没

人看得懂,吴王就派人去问孔子。孔子说那是"禹石函文",是大禹时代的文字。

吴王阖闾又派人下洞勘察,过了二十天才返回,手下报告已经与上次下洞景色不同,洞穴中高不见顶,四下里有人马经过的痕迹,而且还"上闻风涛声,又有异虫扰人扑火,石燕蝙蝠大如鸟",无法前行。

那位第一次下洞的灵威丈人,是汉朝一位得道的修行者刘根,据说他成仙后浑身绿毛,所以大家叫他"毛公"。他得道的仙坛遗址,就在西山包山寺后面的"毛公坛"。据唐代文学家令狐楚著的《送周遥隐记》称:"毛公道成罗浮山,居三百余岁,有弟子七十二人。聚石为坛,遗址犹存。"

这里虽与《太湖备考》所引诸书有异,但考虑到罗浮与太湖相通,此成道一说就都能说得通了。以上这些记载,徐霞客看到后都一一记在心上。他想弄清楚"岷山导江",希望探访《素书》所说的遗迹。

在徐霞客实地考察林屋洞时,洞中灵威丈人的遗迹,虽说虚无缥缈,但洞中的奇观却是自然天成。徐霞客第一次亲眼看到了洞穴幽深,蜿蜒曲折,洞中有洞,洞洞相连,石乳、石笋形态如生。

深藏在太湖底下的林屋洞,使这位刚走出书斋的年轻人大开眼界,从此更增添了他对洞穴考察的兴趣。徐霞客后来把林屋洞之游向好友陈函辉作了详细介绍,给陈函辉留下了深刻的印象,陈函辉还将这件事写入了徐霞客的墓志铭中。

林屋洞考察是徐霞客考察洞穴的前奏,自此以后,他在旅途中有洞必探,愈险愈探。据《大明一统志》所载,全国各地分布有三百七十二个洞穴,徐霞客就考察过三百零六个,占全国洞穴的百分之八十二。

徐霞客所写的洞穴文字达七万两千字,占整个《徐霞客游记》的百分之十二,成为世界岩溶学和洞穴学的珍贵文献,徐霞客也因此成了世界洞穴学的先驱。

这次太湖之旅,徐霞客游览了太湖及湖中诸岛,并且登上了太湖之中的洞庭东山和洞庭西山。尽兴而归后,还顺道游览了太湖畔的古城苏州。

徐霞客出游山川大地,心中自有安排,他自己称:"余髫年蓄五岳志,而玄岳出五岳上,慕尤切。久拟历襄、郧,扪太华,由剑阁连云栈,为峨眉先导;而母老志移,不得不先事太和,犹属有方之游。"可见,五岳和峨眉之游是徐霞客少年时期就有的计划。

但是首游林屋洞后,在林屋洞中看到的东南西北四洞所达地点,对他产生了一定的影响。

另外,在林屋洞和毛公坛两处都提到的广东罗浮山,给徐霞客留下了深刻的印象,所以在明思宗崇祯元年(1628年)入闽之时,他只身千里单访罗浮山,这不能不说是首游太湖对他影响的结果。

游过太湖,徐霞客又游览了无锡惠山"天下第二泉"、听松坊和寄畅园。在同一年,徐霞客还不远千里北上山东、河北。此次旅程,在《徐霞客游记》中没有记载,但从他朋友、后人的文章中可以大致推断其行程。

第二章 遍游附近名胜

第二章 | 遍游附近名胜

第一次畅游天台山

　　明神宗万历四十一年(1613年)，二十七岁的徐霞客从家乡经杭州、绍兴、宁波游完洛迦山后，转道前往宁海县游历天台山。后存《徐霞客游记》的开卷之作就是《游天台山日记》，描述了其游览家乡胜境天台山的所见所闻。

　　天台山位于浙江中东部，地处宁波、绍兴、金华、温州四地的交接地带，是江南的一座名山，同时还是佛教天台宗的发祥地，素以"佛宗道源，山水神秀"而享誉海内外。

　　天台山西南连接仙霞岭，东北遥接舟山群岛，为曹娥江与甬江的分水岭。多悬岩、峭壁、瀑布，以石梁瀑布最有名。公元570年，南朝梁佛教高僧智𫖮在此建寺，创立天台宗。公元598年，隋炀帝敕建国清寺。此外，唐代天文学家一行禅师塔也在此处。

　　三月三十日，徐霞客携挑夫、仆人顾行与莲舟上人一起，从宁海县城出西门，向天台山进发。当日天空云雾消散，阳光灿烂，一行人心情也分外喜气洋洋。徐霞客曾在日记中写道：

　　　　自宁海出西门。云散日朗，人意山光，俱有喜态。

033

一种出游的欢喜之情,洋溢在徐霞客的脸上。在他的眼睛里,在他轻快的充满弹性的脚下也写满了喜悦。可是走不多远,有采药人告诉他们这一带常有老虎出没。再看上下高岭,深山荒寂,那是人们因惧怕老虎躲藏在密林草丛中,而把草木烧光造成的。

此时天色已晚,他们只好在采药人的指引下找人家住下来。第二天早晨下雨,还好走了一段后天色逐渐转晴。怎奈山高路滑,只好下马步行。

徐霞客途中碰到了国清寺的僧人云峰,云峰告诉他,从这里到石梁,山势险恶,路途漫长,不便携带行李,建议徐霞客轻装前往,让挑夫将行李放在国清寺等候。

徐霞客觉得有理,就让挑夫挑着行李跟随云峰去国清寺,自己与莲舟上人一起前往石梁。路上行人绝迹,入耳唯有泉流轰鸣,山风动荡,很有几分恐怖。

第二天冒雨前行,日暮时分抵达天封寺。好在初三那天天光终于放晴,阳光普照,徐霞客决定趁着好天气登上天台山的最高峰华顶峰。华顶峰为浙江天台山主峰,海拔一千零九十八米,四周群山向而拱之,层层相裹,状如百叶莲花,华顶正当花之顶,故名"华顶"。

沿途经过华顶庵、太白堂,但是都没有值得观赏的景物。徐霞客听说太白堂左下方有黄经洞,于是便走小路去拜访。走近一看,洞门已封,不禁大为惋惜。

原来,一位带发修行的僧人曾结庵于黄经洞前,怕风从洞

第二章 遍游附近名胜

中吹出来,就用石头砌上洞门。无奈之下,只好原路返回至太白堂,继续向华顶峰进发。

到达华顶峰时,寒风扑面,只见山顶上没有树木,只有成片枯萎的荒草还没有从冬天的严寒中苏醒过来,草上结了一层厚厚的冰霜。环顾四周,稍低的山岭,山上的树木都披上了银装,如同玉树银花一般好看。此时,山脚下却已经是山花盛开、争奇斗艳了。

徐霞客由此推断,山顶因为高寒,所以山花迟迟未能开放。

从华顶峰回来,仍旧回到华顶庵,经过池边桥,翻越三座山岭,只见溪流萦绕,山势回环,树木森森,岩石清丽,一转身即有一奇景,让徐霞客心满意足。

之后,徐霞客在下方仰头观赏了著名的"石梁飞瀑"。石梁飞瀑并不比其他瀑布壮观,但是它有着自己的独特之处。它有一条二丈左右的巨大石梁,横跨在两崖之间,那微微拱起的梁面,像一条巨蟒。

金溪和大兴坑两条溪水,左右而来,汇合于此。溪涧岩石坎坷不平,水流随之层层折跌而下,每一次折跌,都激起一阵雪白的水花,接着又往下折跌。

这样经过四次折跌后,溪流终于在阵阵白浪之中流到了石梁附近,聚集成一个巨大的雪浪团,向石梁冲激过来。一部分被打回,而大多数则从梁底穿过,坠入几十丈深的幽谷之中,发出震耳欲聋的声音。

徐霞客看后,连声称赞。中午到下方广寺休息,午饭时有

一个和尚说,断桥、珠帘的风景更美妙,饭后再去还来得及打个来回。

匆匆吃完饭,徐霞客立即出发,沿着山涧,追踪瀑布的去向。走了八九里,只见奔腾的瀑布水流从山岩夹峙的石门泻下,曲折旋转,最上是由两岸伸出的岩石形成的几乎相连的"断桥",冲向岩石的水流碎花迸射,汇入深潭;中间一处的瀑布因两岸巨石对峙,如同一道很窄的门,流水被门束缚,轰然奔腾,其势汹涌;最下面一处是开阔的深潭,瀑布如同从突起的门槛泻下。

这三级瀑布都高达数丈,极尽神奇。又走了一里多,才是珠帘水,水流倾泻而下的地方平坦开阔,水势缓慢,如万斛明珠,轻若无声地飘洒而落。

徐霞客喜不自禁地赤足跳入草丛中,手攀树枝在崖边走来走去,从各个角度观察了瀑布的雄姿。同去的莲舟上人简直跟不上他。一直游到暮色笼罩,方才尽兴而归。他在游记中写道:

停足仙筏桥,观石梁卧虹,飞瀑喷雪,几不欲卧。

意思是说,在仙筏桥上停下脚步,只见石桥犹如彩虹横卧天空,飞瀑则宛如霰雪四处喷溅,这样的美景让人不想睡觉,只想这么一直看下去。

徐霞客对大自然鬼斧神工的膜拜之情,溢于纸上。这时天色已晚,他只好返回庙里。回去之后,他对"石梁飞瀑"念念不忘,第二天清晨,顾不上吃早饭,就沿着仙筏桥登上昙花亭。因石桥就在昙花亭外,坐在亭内可以近距离观赏。

石梁是架在两山之间的一块天然巨石,形成了一座天然的石桥,两条瀑布从昙花亭左边奔流而至,在石梁底下汇合,突然坠落百余丈,如河堤溃决,声若雷鸣。

徐霞客冒着危险从仅有一尺来宽、三丈长的石梁走过去,从高悬的石梁上俯瞰瀑布轰然泻入深潭的壮观,也不禁感到毛骨悚然。走过石桥,路就被大石阻隔,只好原路返回,经过昙花亭,进入上方广寺。

他顺着寺前的溪水,再次爬到阻隔前山的大石上面,坐下来观赏石桥。直到寺中的僧人催促去用饭,才起身离开。吃过饭后,他又拜访了万年寺,并登上了寺中的藏经阁。

万年寺前后有很多古老的杉树,都是三人合围的粗干,鹤群在树上筑巢,鹤声嘹亮清远,为深山增添了一种清雅之声。这天,徐霞客原本打算去桐柏宫,寻觅琼台、双阙两处胜景,因路多岔道,于是改去国清寺。

国清寺离万年寺有四十里路,途中经过龙王堂。每走下一座山岭,都让人以为已经到了平地,等到走下好几重山岭,下坡的态势还没有停止,这才感觉到华顶峰之高。

日暮时分,徐霞客进入国清寺,与僧人云峰一见如故,于是和云峰商量游览的顺序。

云峰说:"要说名胜,没有比得过寒岩、明岩这两处的,虽然路程遥远,但可以骑马去。先游览寒岩、明岩,然后步行到桃源洞,抵达桐柏宫。翠壁、赤城栖霞两处胜景,就可以一览尽

收了。"

徐霞客听后十分高兴。第二天虽然下雨了,但也不能阻挡他的游兴。冒雨骑马走了五十里路程,涉水渡过水流甚急的南溪,这时雨也停了,眼前峰萦水映、木秀石奇,风景秀丽的寒石山果然名不虚传,徐霞客欣喜不已,也忘记了旅途劳顿。

又走三里路,到达明岩。明岩倚山临溪,峡谷深邃。山谷尽处,石柱岩异峰独起,四面凌空,直冲天际,顶上杂树丛生,藤萝遍绕,名"螳螂钓蟾"。

其旁有著名的"五马隐",棕黑色的马影,颇似一幅绝妙水墨画,诉说着"闾丘追寒山"的佛教故事。仙人洞内有"合掌岩""独鲤朝天""青天落白雨";洞前有"石弄堂",上有瀑布飘洒,名"老龙喷水"。

明岩是寒山、拾得两位高僧隐居的地方。两座山迂回曲折,最后面有一山洞,山洞外面,左边有两座石岩,右边有石笋突起耸立。左右相对,堪称奇绝。

明岩山背,屏岩耸峙,峭壁如城嶂,绵亘十里,气势十分壮观,名"十里铁甲龙"。内有无数深奥莫测的洞穴和形状各异的奇石,构成天台山独特的"非喀斯特地质的喀斯特地貌"。

其中"龙须洞"状如覆瓮,圆耸明豁,高大可容十四层楼房。洞顶开有"天窗",瀑水从天窗纷纷扬扬飘洒而下,散若虬须,终年不竭,龙须洞因此而得名。

徐霞客兴致勃勃地寻访明岩附近的胜迹,攀岩探幽,直到夜色降临,才回到国清寺歇息。吃过晚饭后,阴云散尽,一弯新月挂在碧空。站立在回环盘曲的崖顶上,只见石壁洒满清辉,景色之清奇简直不似人间。

第二天凌晨,徐霞客从寺里出发游览寒岩。但见石壁笔直向上,有如刀劈一般,仰视空中,有很多洞穴。

寒岩是天台第一大洞,洞里面冬暖夏凉,因唐代诗僧寒山在此隐居七十多年而得名。洞顶巨嶂覆盖,"飞岩若坠接苍溟",气势雄伟。洞前有"宴坐石",传为当年高僧寒山、拾得和丰干小憩吟咏的地方。

洞口两侧有奇岩"上山龟"和"出洞蛇",称"玄武守门"。洞左峭崖壁立,有瀑布飞洒,夕阳映照,色彩绚丽多姿,名"寒岩夕照"。

顺着石岩右边走,从岩石的狭窄小道向上攀登。岩坳处有两块岩石相对耸立,下部分开而上部相连,高数十米,长数米,其造型状似石梁,只是少了直挂而下的飞瀑,故又称"旱石梁"。

之后,徐霞客又找了一排竹筏渡过岩下溪流,顺溪流到山下。沿途都是峭壁悬崖,崖壁上草木盘曲下挂,其中有很多海棠和紫荆,树木掩蔽,溪流倒映,香风吹过的地方,到处是玉兰芬草,山风吹来,闻之忘忧。

竹筏走到一处山口,岩壁笔直插到涧底,涧水深而湍急,两旁没有一点余地,无法通行。徐霞客只能攀上岩壁,沿着几个凿出的石孔通过,这些石孔仅能容下半只脚,身贴石壁,脚下便是奔流的涧水,简直惊心动魄。

从寒岩出来后,徐霞客还想顺道游览传说中的刘阮洞。自

古以来，浙江天台山名气最大、最具魅力的还数刘阮遇仙的桃源。历代文人墨客或诗或文或戏曲写得最多的就是桃源，历代民间百姓传得最广最久的也是刘阮遇仙的故事。

但是这毕竟只是传说，刘阮洞究竟在哪里也并不清楚。徐霞客跟随云峰和尚莽莽撞撞地行走在弯弯曲曲的山路上，居然迷了路。此时太阳已经西下，只好边问边走，走了很多冤枉路后，才找到住处。

第二天，他们从住处出发，在曲折的山路中走了三十多里，渡过溪水进入山中。又前行四五里，山口渐渐狭窄，看到一处叫"桃花坞"的饭馆。这里是一片山间平地，遍植桃树，桃花盛开时节，煞是好看。片片花瓣落入溪水之中，随水而下，别有一番诗情画意。

此处有一深潭，潭水碧绿清澈，瀑布从上游注入潭中，两旁高山夹峙，山峰拥翠，溪水在乱石中奔流，发出叮叮咚咚的声响，涧随山转，水声十里，故名为"鸣玉涧"。

涧流随山流转，人随涧溪而行。两旁山石嶙峋如骨，山峦聚集，翠丛相夹，触目皆成美景。徐霞客大为赞叹，这偶尔得来的景致，居然比寒岩、明岩还要美。

走出饭馆，他们向东南方走去，翻越两座山岭，去寻觅传说中的"琼台""双阙"，遗憾的是，竟然还没有人知道。走了好几里，才打听到在山顶上。

徐霞客与云峰顺山路攀缘而上，到达山巅，向下俯视，石壁陡峭逼削，回环盘曲。山峰顶端中间断裂，就是所谓"双阙"。

夹在双阙正中间的环形石台,就是琼台。只是天色已经很晚,来不及攀登了。两人赶紧下山,从赤城后面返回了国清寺。

初八日那天,徐霞客离开了国清寺,登上赤城山。赤城山又称烧山,距天台县城和国清寺均为四里,为丹霞地貌,是仙佛双修的圣地,也是济公活佛的故里。

赤城山,是沉积岩剥蚀残余的一座孤山,因其山赤,石屏排列如城而得名,是天台山中唯一的丹霞地貌景观。每当旭日东升或夕阳西下,云雾缭绕山腰,霞光笼罩,光彩夺目。元代天台县人曹文晦形容为:

> 赤城霞起建高标,万丈红光映碧寥。
> 美人不卷锦秀缎,仙翁泻下丹砂瓢。
> 气连海屿贯旭日,光入溪甕生春潮。
> 我欲结为五色珮,碧桃花下呼周乔。

因此有"赤城栖霞"之称。只是岩上的洞穴都成了僧舍,错杂零乱,淹没了天然之趣。

山上还有许多与神话传说相联系的景观,如悟月楼、洗肠井、晒肠岩、八仙洞、金钱池、摇铃石、青云洞,以及众多的摩崖石刻。徐霞客认为都没有什么奇特的地方,因此匆匆结束了天台山的行程。

饱览雁荡山的美景

明神宗万历四十一年(1613年)四月十一日,徐霞客在游览完天台山后,随即借道黄岩,前往雁荡山。雁荡山在乐清县境内,属于括苍山脉,东临大海,特殊的岩性和发育历史塑造了雁荡山独特的风貌。

在古老的地质年代,这里有活跃的火山活动,有大量流纹岩溢出地表。这种酸性岩浆流动性差,边流动边凝结,互相堆叠、拥塞,形成山体,富于垂直节理,又经过海浸和长期风雨侵蚀,造就了奇伟诡怪的山峰,森然壁立的崖嶂和高悬嶂壁之间的岩洞。因此雁荡山自古以奇秀著称,被赞誉为"东南第一山"。

雁荡山最高峰百岗尖海拔一千一百二十一米。主峰雁湖岗,海拔八百九十六米,岗上曾经有个湖沼,芦苇丛生,秋雁多栖息于此,所以称为雁荡。据说这就是火山口的遗迹。

雁荡山的开山凿胜始于南北朝,兴于唐,盛于宋。南朝时期,梁国昭明太子在芙蓉峰下建寺造塔,为雁荡山开山之始。

唐代,西域高僧诺讵那因仰慕雁荡山"花村鸟山"之美名,率弟子三百来雁荡山弘扬佛教,被奉为雁荡山开山鼻祖。

第二章 | 遍游附近名胜

宋代，雁荡山开发规模逐渐增大，共建有十八寺、十院、十六亭，历代又有增修，香火极盛，是一方佛教圣地。

如果按照地理位置的不同，雁荡山可分为东雁荡山、西雁荡山、中雁荡山、南雁荡山和北雁荡山。

东雁荡山被誉为"神州海上第一屏""海上天然岩雕长廊"，是我国最长最大的海上天然岩雕。东雁荡山的东部沿岸断崖峭壁，直立千仞，犹如刀削斧劈一般。这里有许多巨幅的岩雕画屏，如孔雀屏、赤象屏、迎风屏、鼓浪屏等。它们惟妙惟肖、形象生动，绵延数千里。

西雁荡山素有"浙南大峡谷"的美誉。境内有五凤、七瀑涧、高山角、金坑峡、西山、珠岩、龙溪、崎云等名胜。这里有一泻千里的瀑布，幽幽的峡谷，碧绿的潭水，林立的怪石，置身其中让人流连忘返。

中雁荡山原名白石山，境内水盈瀑美，湖峰相映，同时又以峰雄嶂险、峡深石巧、洞幽寺古著称。其中有玉甑峰、凤凰山、杨八洞、刘公谷、西漈、东漈、三湖等名胜。

南雁荡山，简称南雁，位于平阳西部，有泰山之雄，衡山之秀，兔耳岭之势。这里群峦叠翠，飞瀑溪潭，山光水色，相映成趣，自然风光以石埕、景岩、银瀑、奇峰、秀溪、幽洞而著称。

北雁荡山向来有"海上名山"之誉，是我国十大名山之一。因为北雁荡山峰奇、嶂奇、洞奇、瀑奇，所以北宋著名科学家沈括赞其为"天下奇秀"。这里有灵岩、灵峰、大龙湫、显胜门等名胜，自古以来游客络绎不绝。

043

雁荡山以奇峰怪石、古洞石室、飞瀑流泉著称。其中,尤以"两灵一龙"最负盛名,"两灵"即形状奇伟、胜景迭出的灵峰和气势磅礴、环境清幽的灵岩,"一龙"指的是飞流直下、云水氤氲的大龙湫瀑布。

灵峰、灵岩、大龙湫这三景被称为"雁荡三绝",是雁荡精华之所在。灵峰是雁荡山的东大门。灵峰之游有"日景"和"夜景"之分。日景侧重于倒灵峰和合掌峰中的观音洞及古洞、北斗洞等景点,夜景则侧重于山峰变幻多姿的"剪影"。

雁荡三绝,灵岩正当其中,被视为雁荡山的"明庭"。灵峰使人情思飞动,灵岩则使人心境沉静。

在宋代,大龙湫便已名扬四海。大龙湫瀑布与贵州黄果树瀑布、黄河壶口瀑布、黑龙江吊水楼瀑布并称中国四大瀑布。而大龙湫瀑布独以其一百九十多米的落差取胜,为中国瀑布之最,有"天下第一瀑"之誉。

历代骚人墨客被雁荡山美丽的自然和人文景观所吸引,慕名而至,并用文字描绘出所见到的美景。南朝谢灵运在他的《白石岩下径行田》诗中写道:

千顷带远堤,万里泻长汀。

宋朝王十朋来到雁荡山也由衷地赞叹道:

十里湖山翠黛横,两溪寒玉斗琮琤。

雁荡山自唐宋以来声名渐著,北宋大学者沈括曾经到此游览,描述了这里的奇伟山峰,并根据实际观察判断,得出了对流水侵蚀作用的科学认识。徐霞客博览群书,对此一定早有印象。

这次当徐霞客接近这座名山的时候,"望雁山诸峰,芙蓉插天,片片扑人眉宇。"再前进就到了著名的老僧岩,"袈衣秃顶,宛然兀立,高可百尺。侧又一小童,伛偻于后。"他惊叹于山石形象之生动。乍见雁荡山,气势就如此不凡,徐霞客早已兴不可遏。

雁荡山号称一百零二峰、六十四岩、四十六洞、十四嶂、十八瀑,风景点有三百八十多处。俗语说,没有翅膀是难以遍游雁荡的。一般游览者只游灵峰、灵岩和大龙湫这雁荡"三绝",就心满意足了。徐霞客当然也要首先领略雁荡山的这些精华。

进入灵峰风景区,徐霞客看到山路两侧,危峰乱起,直立接天,像排列的竹笋,挺立的灵芝,又如笔尖直插,冠带斜倚,美不胜收。最突出的则是灵峰,这个山峰下边一分为二,当中开为巨隙,至山顶又合二而一,状如合掌,因此俗称合掌峰。稍转一角度远看又像男女二人相依,所以又叫夫妻峰。

山中孔隙就是徐霞客所说的灵峰洞,现在多称为观音洞。洞内有依岩建筑的殿宇十层,从洞口到洞顶凿石磴三百七十七级,可入各级禅房。徐霞客在洞中流连至夜色降临,才归宿于灵峰寺。

次日接着游灵岩。这是一个深谷,谷内奇峰离立,"绝壁四合,摩天劈地,曲折而入,如另辟一寰界。"徐霞客这几句话已经

概括了灵岩的形势。

灵岩寺的背后为屏霞嶂,寺前有高达两百六十米的展旗峰、天柱峰,它们拔地直起,相对而立。屏霞嶂的左侧有天窗洞,又名天聪洞,徐霞客称之为"嶂左第一奇";右后方有龙鼻洞,他称之为"嶂右第一奇"。

龙鼻洞内岩石呈黄紫色,洞顶有一条天然岩脉,如同披着鳞甲的长龙,弯弯曲曲直通洞底,下面垂着一块鼻状的岩石。神奇的是,鼻形石上还有可容手指大小的孔洞,里面有泉水滴下,注入下方的石盆,故称"龙鼻水"。

从龙鼻洞出来后,途中又观赏了小龙湫瀑布和玉女峰。小龙湫又名小瀑布,在灵岩寺右侧后面的隐龙嶂底,落差五十多米,悬崖环峙,岩腹有如珊瑚、玛瑙颜色。瀑飞崖上,触石腾空如雾团结旋,流转飞洒,水珠溅人。

潭水从乱石间流出,汇合成卧龙溪,再蜿蜒地向南流入碧玉溪。溪里有一种不常见的黑背红肚子的小动物叫蝾螈,很是逗人喜爱。在小龙湫左侧山上,有猴子捧仙桃,卧龙溪中有鸭子戏水等景致。

此外,潭前那一块长方形的大石头很像一方砚台,砚台旁边还靠着一块扁长方形的小石条,样子像一块松烟墨。

几天来,霞客细观龙鼻水,轻抚僧拜石。在云静庵,一位卧床数十年的道人,居然还能和他谈笑。

四月十三日,徐霞客来到了著名的大龙湫瀑布下。只见大龙湫瀑布如同从天际坠落的白练,直捣潭中,瀑布顺着一块突出的岩石流下,并没有岩壁可以依靠,水没有着落,腾空飘荡,望之令人胆战心惊。

大龙湫是我国最长的瀑布,为什么不叫"大龙瀑"呢?因为大龙湫不像别的瀑布那样斯文。但为什么要叫"大龙湫"呢?因为"湫"是"池"的意思,如果叫"大龙池"的话,感觉有点怪。

大龙湫是"奇绝"的,它的奇绝表现在形态上,因时而化,依序而变。盛夏季节,雷雨甫歇,大龙湫是一条奔腾不羁的白龙,从半天里探出身来,夭矫于空中,轰雷喷雪,吼声震天,百米之外,振聋发聩。几十米外,犹能感受它飞花溅玉般的水珠。

山寒水瘦的冬日,大龙湫收起了白练银绸,只撒出一斛龙宫珠玉,散散落落,有风吹过,这一斛珍珠就随风而去,上下飘荡,如遇艳阳高照,这项链似的瀑布就幻化成绚丽的彩虹,闪闪烁烁,明明灭灭。

一冬少雨,过了立春,还是雨少。大龙湫没有了夏日的狂态,没有了冬日的闲态,只剩下春日的慵态。美女晨起,娇而无力,海棠春睡一般。

那从连云嶂峰顶飘泻下来的水流,该是丝不是布,该是春风中的柳,不是烈日下的松,该是女儿家长发飘逸,不是男子汉怒发冲冠,那一种忽忽悠悠,晃晃荡荡,实在是让人难以描摹,难怪前人这样感慨:

　　欲写龙湫难下笔。

相传唐初,西域僧人诺矩那进山造塔建寺,因爱龙湫之美

景,经常前来观瀑,终至坐化。宋人有诗道:

矩那看不厌,宴坐雨声中。

沈括也在《梦溪笔谈》中引用说:

雁荡经行云漠漠,龙湫宴坐雨蒙蒙。

龙湫潭的右侧有个"忘归亭",取前人"忘归亭下忘归客,手弄潺湲坐碧苔"之意,亭柱对联取的是夏日大龙湫浩浩气势:六龙卷海上霄汉,万马嘶风下雪城。

据以往的志书记载,大龙湫瀑布的水正是来自雁湖。具有探索精神的徐霞客自然要到雁湖看个究竟。他神飞雁湖山顶,想尽快登上峰巅,便请云静庵的道人当向导,带他去雁荡山顶上看雁湖。

徐霞客一行在向导的带领下,人手一根木杖,在长满野草荆棘的崇山峻岭间攀登。虽然徐霞客觉得东边一峰"昂然独上",应是最高峰。但向导说,湖在远处的西峰上,还要往西再越过三个峰尖,说完,便推说有事要先回去,无法奉陪。

无奈,徐霞客只好自行与同伴按照向导所指继续前进。越过第一个峰尖时,他发现前面几乎是无路可走,但仍披荆斩棘,来到第二个峰尖。到了这里,山势越发陡峭,站在峰顶,仿佛是站在半天中。

与此同时,徐霞客对向导的话产生了怀疑,既然志书上记载,大龙湫之水来自雁湖,大龙湫又发源自东边的山峰,雁湖理

第二章 | 遍游附近名胜

应在东边的高峰上,怎么能往西边去找呢?

于是,徐霞客立即改变方向,向东进发,又连着翻了两座山峰。此时,同去的莲舟上人累得再也走不动了,徐霞客只好带着两个随从继续攀登。

当他艰难地爬到山顶时,只见山脊笔直,简直无处下脚,怎么能有湖呢?可是,徐霞客仍不肯罢休,继续前行到一个大悬崖,路没有了。

徐霞客仔细观察悬崖,发现下面有个小小的平台,就用一条长长的布带子系在悬崖顶上的一块岩石上,然后抓住布带子悬空而下,到了小平台上,才发现下面有百丈深,无法下去。

徐霞客只好抓住布带,脚蹬悬崖,吃力地往上爬,准备爬回崖顶。爬着爬着,带子断了,幸好他机敏地抓住了一块突出的岩石,不然就会掉下深渊,粉身碎骨。

庆幸之余,徐霞客不敢掉以轻心,立即和随从将布条重新接好,此时天色已晚,夜间走山路必然艰险加倍,必须尽快返回。好在,三人有惊无险地攀了上去,这时太阳已经落山了。

主仆三人精疲力竭,衣服、鞋子也都磨破了。受过惊吓之后,徐霞客游览雁湖的兴致再也提不起来了。这次没能找到雁湖,徐霞客颇感遗憾,在能仁寺住了一宿。

第二天,徐霞客便取道四十九盘岭,离开了雁荡山,前往乐清。他初游雁荡山时间不长,仅游览了"二灵一龙"一线景点,可以说是行色匆匆。

049

徐霞客传

顶风冒雪参观齐云山

明神宗万历四十二年(1614年),徐霞客游览了家门口附近的扬州、南京等地,还参观了瘦西湖。万历四十四年,徐霞客已经三十岁。此后三年,他两度踏上徽州这方土地,二攀黄山、两上齐云,这在他一生的旅行生涯中是绝无仅有的。

徐霞客一生重复去过的山只有齐云、黄山、天台、雁荡四座。由此可以看出齐云山在他心中的地位。齐云山位于今天的安徽省休宁县,古称白岳,与黄山南北相望,风景绮丽,素有"黄山白岳甲江南"之誉。明代大戏剧家汤显祖作过一首诗:

欲识金银气,多从黄白游。
一生痴绝处,无梦到徽州。

"黄白游",黄指黄山,白指白岳。白岳为什么后来改称齐云山呢?明代嘉靖时期,明世宗因年过三旬还未生龙子,便命龙虎山正一派第四十八代天师张彦在白岳为他建醮求子。建醮就是做道场,结果应验,嘉靖喜得龙子。

因为嘉靖皇帝看到白岳的最高峰如"一石插天,直入云端,与碧云齐",就开了金口,把白岳改成了齐云山。齐云山大部分

山峰的高度在五百八十米上下,山几乎是平地而起,巍峨壮观。明代唐寅有诗云:

  齐云山与碧云齐,四顾青山座座低。
  隔断往来南北雁,只容日月过东西。

齐云山由中生代晚期白垩纪的陆相红色岩系组成。它们堆积在断陷盆地中,岩性强弱相间,岩层倾角不大,富有垂直节理。由于地处北半球亚热带气候环境,高温多雨,直接出露于地面的红岩,在风化和流水割切与散流冲蚀作用下,形成了"丹霞地貌"。

齐云山又是道家的"桃源洞天",为著名道教名山之一,以山奇、水秀、石怪、洞幽著称。俯瞰齐云山山脚下,有一条像青罗玉带的江叫横江,这是新安江上游的一段。江水流过山根处正好转了个"S"弯,划出了阴阳两极,那两处山村恰似阴阳两极的眼,这就是被称为天下奇观的"天然太极图"。

但自古以来,齐云山的光芒一直被同处徽州的黄山所遮掩。与"大家闺秀"的黄山相比,齐云山似乎有点"小家碧玉",但小家碧玉自有小家碧玉的味道。

其实齐云山与黄山完全是两种不同的风格,它更有内蕴,也更加奇谲。齐云山三十六奇峰,峰峰入画;七十二怪石,石石皆景。山奇、石怪、水秀、洞幽,林木道观点缀其间,碑铭石刻星罗棋布。

这样的鬼斧神工,也就形成了齐云山的独特之处。更何况,

因为道教圣地的缘故,齐云山还有着独特的魅力。这样的"魅",在于它某种程度上暗合着道教的精神。

唐肃宗乾元年间(758—760年),道士龚栖霞云游至此,隐居山中天门岩;唐宪宗元和四年(809年),歙州刺史韦绶建石门寺于石桥岩。北宋真宗大中祥符元年(1008年),朝廷建密多院于白岳山南;南宋理宗宝庆年间(1225—1227年),崇慕道教的方士、居士相继来山,择地筑构,初创佑圣真武祠于齐云岩。

明太祖洪武十五年(1382年),朝廷置道会司于县城崇寿观,主领全县道教事,山上道士有被任命为道会司的;明世宗嘉靖十一年(1532年),龙虎山正一嗣教真人张天师驻山,因世宗祈嗣灵应,敕建玄天太素宫,置真人府,配各级道官:太素宫置提点,真人府设赞教、知事,山、庙有住持,县设道会司,州设道正司,府设道纪司,中枢最高设道箓司等机构。

齐云山历代修建有太素宫、三元宫、玉虚宫、静乐宫、天乙真庆宫、治世仁威宫、宜男宫、无量寿佛宫、应元宫、郎灵院、净乐道院、道德院、中和道院、黄庭道院、拱日院、东阳道院、东明太微院、榔梅院、华阳道院、西阳道院、添书院、石桥院、密多院以及三清殿、参阳殿、兴圣殿、斗姆阁、文昌阁、福地祠、土地祠、善圣祠、功德堂、碧霄庵、东岳庙等建筑。

横江到了兰渡一带,显得格外的大气从容,淡定自得。远远地看过去,江面好似一根玉带,水色澄碧,江天一色,如一幅清丽的山水长卷。

建于明神宗万历二十四年(1596年)的登封桥则如彩虹卧波,横跨江面,桥上石罅间,有青藤薜萝,给古桥平添几分生气。

第二章 | 遍游附近名胜

登封桥在徽州一直有比较大的名气,曾任明兵部左侍郎的歙县人汪道昆曾专门撰写一篇长长的《登封桥记》,记述了桥的建造经过。

徐霞客就是沿登封桥攀上齐云山的。徐霞客到齐云山的时候,正是寒冬季节。他从徽州马不停蹄地赶到休宁,出西门,循溪而上,于风雪黄昏之中,抵达齐云山麓。

徐霞客在山脚下吃了顿饭后,又顶着风雪,打着灯笼,连夜拾级而上,直奔山中榔梅院下榻。当夜,徐霞客独卧山房,耳听窗外冰雹之声,辗转反侧,夜不能寐。

第二天,徐霞客醒来之时,齐云山已是一片银装素裹,山间布满珊瑚般的玉树,崖上挂着几丈长的冰柱。徐霞客开始脚踏木屐,步履坚冰上山了。

先是去了太素宫,然后登上文昌阁,观赏着雪中山景。齐云山似乎有意要把山中最好的景色隐藏起来,不给这位大旅行家看周全,忽而云开日出,忽而大雪纷飞。千变万幻中,徐霞客看得目瞪口呆。

徐霞客在齐云山一共住了六天。前五天,齐云山一直下着大雪,云雾弥漫。迷离的山景让徐霞客看不真切。一直到第六天,齐云山"东方一缕云开,已而大朗",雪后初霁,景致终于清晰地浮现出来。

站在山巅之上,徐霞客一览众山小,不由得心花怒放。这一次雪中之行给徐霞客留下了非常深刻的印象,他在《游白岳山日记》中写道:

二十七日,起视满山冰花玉树,迷漫一色。

乘兴游览安徽黄山

明神宗万历四十四年（1616年）二月初二，徐霞客在游完白岳山后，乘兴前往黄山。天下名山，深深吸引着徐霞客，黄山是让他最为动心的一座山。黄山位于安徽南部，素有"天下第一奇山"之称，兼有泰山之雄、华山之险、庐山之瀑、衡山之石、雁荡之怪、峨眉之凉。

黄山有两湖、三瀑、十四洞、十六溪、二十潭、二十四泉、七十二峰。其中的天都峰、莲花峰、玉屏峰、清凉台等处更是蜚声海外。

黄山原名"黟山"，因峰岩青黑，遥望苍黛而名。后因传说轩辕黄帝曾在此炼丹，故改名为"黄山"。

由于山高谷深，山上的气候呈垂直变化，同时由于北坡和南坡受阳光的辐射差大，局部地形对其气候起主导作用，形成了黄山云雾多、湿度大、降水多的气候特点。

黄山以神奇的云雾闻名天下。当人们站在高峰之巅俯首云层时，所见之处漫天的云雾随风飘移，时而上升，时而下坠，时而回旋，时而舒展，构成一幅变化万千的云海大观，让人如临大海之滨，云海翻滚恰如海边的浪花飞溅，惊涛拍岸黄山代表景观有"四绝三瀑"。四绝是奇松、怪石、云海、温泉；三瀑是人字瀑、百丈泉、九龙瀑。

黄山山体主要由燕山期花岗岩构成，垂直节理发育，侵蚀切割强烈，断裂和裂隙交错，长期受水溶蚀，形成花岗岩洞穴与孔道。全山有岭三十处、岩二十二处、洞七处、关两处。黄山的第四纪冰川遗迹主要分布在前山的东南部。

黄山集八亿年地质史于一身，融峰林地貌、冰川遗迹于一体，兼有花岗岩造型石、花岗岩洞室以及泉、潭、溪、瀑等丰富而典型的地质景观。黄山地貌可以平天矼为界，分为前、后两个部分。前山雄伟，壁立千仞；后山俊秀，玲珑剔透。

前山山体为粗花岗岩构成，由于受第四纪冰川影响，花岗岩常常发育为直立或近乎直立的主要纹理，在风雨侵蚀或地壳变迁等外力的作用下，岩体形成巨大的柱状体或种种奇特的形状，这样便形成了黄山独有的奇峰怪石。

黄山之美不仅在于风光，还在于其丰厚的人文积淀。古往今来，不知有多少文人墨客为它的神秀所倾倒，流传下无数咏歌黄山的绝妙诗章。

徐霞客从小就知道黄山大名，早就心向往之，今天终于得到了机会。这时尚处冬季，山上积雪未化。而且黄山比白岳山高多了，山上气温比山下要低十六七摄氏度。自然这里的雪下得更早，下的时间也更长。

二月初二，徐霞客不顾严寒，沿苦竹溪向西北行进。第二天，在一名樵夫的带领下，徐霞客越过两座山岭，过山脚下的江

村到达汤口。汤口地处黄山南端,是出入黄山的必经之地,素有"黄山门户"之称。

汤口是香溪的源头,徐霞客溯溪水而上,抵达祥符寺。祥符寺,唐玄宗开元十八年(730年)志满和尚始建于桃花峰下的桃花涧旁,因附近有温泉,故取名汤院。

唐懿宗咸通四年(863年),徽州刺史李敬量梦见白龙,将该寺移建于汤泉对面,号为龙堂。唐哀帝天祐二年(905年),歙婺衢睦观察使陶雅重建,复名汤院。南唐元宗保大二年(944年),敕名灵泉院,北宋真宗大中祥符元年(1008年),敕名祥符寺。寺为宫殿式建筑,一直香火鼎盛。

徐霞客把行李物品安置在寺内,之后去温泉中洗浴。这温水池前临溪水,后倚岩壁,水深三尺,池中热气腾腾,并夹杂着清香的气味。

徐霞客一行在温泉中泡得不亦乐乎,途中的湿冷一扫而空。但向导说,这个温泉没有盘山温泉好,因为汤口、焦村是交通要道,来洗浴的人太多、太杂。

洗浴完毕,徐霞客一行返回祥符寺。此间听桃花溪水潺潺,观天都峰若隐若现,他急切地想要第二天登顶。可是只游览了温泉附近的莲花庵和白龙潭,天降大雪,只能留在寺中听雪落的声音。

初五,徐霞客试图冒雪攀登,但路上碰到的一位慈光寺和尚关切地说:"到山顶的路已被大雪封堵两个多月啦,今早派人送粮到山顶,可才走到半山,雪齐腰深,没办法,只有回来。先生,你最好不要去山顶了。"徐霞客听后笑笑。第二天,天一放晴,他就找到一位向导,拿着竹杖上山了。

明代以后,逐渐形成四条登黄山路线。第一条是从南面的汤口北上,经温泉、玉屏楼,再到北海,全程约三十里,称为南线;第二条是从北面的二龙桥,经芙蓉居、松谷庵到北海,全程三十五里,称北线;第三条是从东面的苦竹溪经九龙瀑、云谷寺到北海,全程二十五里,称东线;第四条是从西面的焦村经小脚岭、钓桥庵到温泉,再北上,全程四十里,称西线。

徐霞客大体是沿着南线登山。过了慈光寺,他们从左侧往上爬。这里山道两旁被石峰环夹,石级被积雪填平,看上去已不是路,而是一条凝固的白色小溪,或像是一块巨大的白玉。

在披满茸茸雪花的疏木中抬头仰视,群峰盘结,高处的天都峰巍然挺立。景色固然奇美,但同时也暗藏着无数凶险。往上走了几里,山势越来越陡,积雪越来越深,路越来越险。

他们身上渐渐地冒出了汗,心情也变得紧张起来。尤其是到背阴的地方,雪已冻结成冰,坚硬滑溜,站不住脚。其他人都不敢继续走了,唯独徐霞客一人勇往直前。

徐霞客手持竹杖凿冰,凿出一孔放置前脚,再凿一孔移动后脚。随行者也都学他凿冰前进。

一路上,但见莲花、云门等山峰争奇竞秀,拱卫在天都峰的周围。并且,无论多陡峭的山、多高峻的崖,全都有怪松悬空盘结。这些松树高的不满一丈,矮的仅有几寸,树顶平而松针短,盘根曲枝,越短越老,越小越奇,奇松怪石相映成趣。霞客不禁

惊呼："真想不到,奇山中又有此奇品也!"

黄山松的祖先乃是油松,靠风和鸟为媒来到黄山。由于受黄山独特的地理构造以及气候、风力诸因素的影响,日积月累变异而成。黄山松打破了生长上的对称和平衡,侧重于一方,甚至放弃了另一侧枝条的生长。

由于山高风急,树干大都短而粗,针叶密而短,而且树冠平如削,有的几乎平贴在石上生长。黄山松的生命力也特别旺盛,它可以扎根于无土的石罅之中,即使在断崖峭壁之上,也能破石而出,而且形体奇特,忽偃蹇盘旋,或仰曲倒挂,或异干同体。

在游记中,徐霞客以极大的兴趣描摹了这一奇特的品种,或是渲染它的色彩:

> 峭壑阴森,枫松相间,五色纷披,烂若图绣。

或是描绘它独特的形体:

> 绝峰危崖,尽皆怪松悬结。高者不盈丈,低仅数寸,平顶短鬣,盘根虬干,愈短愈老,愈小愈奇,不意奇山中又有此奇品也……其松犹有曲挺纵横者,柏虽大干如臂,无不平贴石上,如苔藓然。

在泛写群松之态后,徐霞客还着重描写了名松"扰龙松"奇特的身姿:

> 有一松裂石而出,巨干高不及二尺,而斜拖曲结,蟠翠

第二章 遍游附近名胜

三丈余,其根穿石上下,几与峰等。

莹绿的松树和闪亮的山崖互相辉映,其美无比。他们一边欣赏着怪松,一边继续上攀。徐霞客正对着奇松怪石啧啧称道,却看见松石之间,有一队和尚慢慢行来。

等和尚们走到近前,双方见过礼,才知道他们被雪困在山中已经有三个月,现在因为断粮下山,山路难行,走了很久,才勉强走到这里。和尚们好奇徐霞客等人是如何上山的,他们惊讶地望着徐霞客说:"这么难走的路,你们为什么还要上来?"

徐霞客忙告诉来黄山的目的,和尚们听后,肃然起敬。他们告诉徐霞客:"我们前海各庵的僧人,都已下山。后海的山路还未通行,只有莲花洞的路可以走,但路特别难走,先生要多加小心!"

徐霞客合掌道谢,继续凿冰,从天都峰侧面攀缘而上,穿过山峰缝隙下山,向东转去莲花洞。

黄山诸峰以光明顶为中心,南边是莲花峰、天都峰,北边是狮子林,西边、东边是蜿蜒的深谷。徐霞客非常想去光明顶看石笋矼的胜景,于是他顺着莲花峰向北。

翻越了几个山岭,来到了天门坎。天门坎位于天都峰和横云岩之间,两面奇峰插天,磴道从中间穿过,犹如跨入天门的门坎。天门坎附近有月岩、龟鱼石等名胜。

天门两边石壁相夹,高达数十丈,中间宽度仅容擦肩而过,仰面向上看,仅露一线,他们从中缓缓穿过,有巨石挤压之感,顿觉阴森恐怖。

天门内积雪更深,一行人只能继续凿冰向上攀登。走过天门后有一大山谷,云雾笼罩时似大海,故叫前海。再上一峰,到达平天矼。平天矼在天海附近,海拔一千八百零五米,亦是前、后山的分界处。

矼(音 gāng)即是山间石桥之意。此矼长一千米,矼西为仙桃、石柱诸峰,东端为光明顶,矼南为天海和南海,北边为后海。这里有一个平台。徐霞客他们在平台上休息,拿出干粮就着雪吃起来。

正当他们享受"美食"时,忽而风起云涌,云雾很快填满了山谷,眨眼工夫,他们便置身于云海之上、云海之中了。云雾上下翻腾似海上的波涛,波涛涌至,下面的世界尽没,云海之上只剩下几个峰尖像孤岛,又像飘动的大船。

见此情景,他们都不禁丢下食物站起来,一个个又喊又叫,"哈哈,我们成仙了,成了云游的神仙了!"

矼上面是光明顶,由矼而下是后海。徐霞客他们又在平天矼后面的一座庵里喝了点稀饭。住持和尚智空说:"看样子这天恐怕晴不长久。"然后指着一位和尚对徐霞客说:"您如果还有精力,登完光明顶再吃中饭,那么今天还有望抵达石笋矼,晚上就在这位禅师处歇宿吧!"

徐霞客采纳了他的建议,开始攀登光明顶。一路上,只见天都、莲花两峰在前方并肩而立,翠微、三海门环峙在后。向下鸟瞰,有陡峭的石崖和山岭罗列于大山坞中。

光明顶、天都峰和莲花峰为黄山三座最高的山峰。其中莲花峰海拔一千八百六十四米,为黄山最高峰。此峰居黄山中央,主峰突出,小峰簇拥,宛如莲花初放,故名莲花峰。峰上有月池、香沙池等名胜和飞龙松、双龙松等古松;峰下有莲花洞、莲花源等景点。

天都峰位于黄山东部,面对莲花峰,东连钵盂峰,海拔一千八百一十米,虽低于莲花峰和光明顶,但在黄山诸峰中最为险峻,古人视为"群仙所都",取名天都峰。最险处曰鲫鱼背,仅容一人,两人交错则需侧身而过,道旁则是峭壁悬崖、万丈深渊。

光明顶位于黄山中部,海拔一千八百六十米,为黄山第二高峰。光明顶虽高但不险峻,山顶平旷,日光可长久照射于此,故名光明顶。明代普门和尚曾在此建大悲院。

光明顶前有一块巨石,低伏一段后重又峙立,就像中断了一样,独自悬在山坞之中,石上有怪松盘旋覆盖。步步生奇,让徐霞客好不兴奋,他侧身攀登到巨石上坐着,同去的浔阳叔翁则坐在光明顶上与他相对,两人互相夸耀自己看到的奇绝景色。

走下光明顶进入庵中时,中午饭已经熟了。吃完饭后,他们告别智空和尚,向北走过一座山岭,在竹丛中徘徊了一会儿,走进一座叫狮子林的庙庵,就是智空所指点的歇宿之处。

狮子林在狮子峰下,建于明神宗万历三十九年(1611年),原为一茅庵,为五台山僧一乘游方到此所建。狮子林的住持霞光和尚,已在庵前等待他们了。霞光建议徐霞客先游览佛庵北

面的始信峰和仙人峰。徐霞客听从他的建议,顺着两峰往西走,眼前所见的景致又大不相同。

走下山峰时,只见夕阳笼罩树木,一派绚烂。徐霞客以为第二天天会晴,心情愉快地回到了狮子林。霞光和尚领着他登上前楼,两人举目西眺,只见天边有一缕碧绿的痕迹。

徐霞客怀疑这是山峰的影子,霞光却说:"这恐怕不是山影,因为山影在夜晚看起来很近,这应当是云气。"徐霞客的情绪一下子就低落了下来,他知道云气多是雨天的预兆,第二天恐怕还会下雨。

果然,第二天大雾弥漫。早餐后,徐霞客过接引崖(今始信峰)踏着积雪下山,游览了狮子峰。狮子峰在北海附近,东邻始信峰,南近贡阳山,海拔一千五百六十四米。整座山峰如雄狮卧地,山上有诸多名胜和古松。

狮首有丹霞峰,腰部有清凉台,狮尾有曙光亭,为观日出的好去处。狮子张口处即徐霞客住宿的狮子林佛庵。半山腰上一座山峰突起,峰上有一棵松树竟撑开巨石挺立其上,树干高不足二尺,斜斜地弯曲盘结,伸出去两三丈,它的根有力地穿石而下,这就是人们说的"扰龙松"了。

登高远眺之间,浓雾渐散,徐霞客急忙从石笋矼北面辗转而下。走了大约五里,看见左边山峰腋部有一小孔透出光明,又前行,见山峰旁突起一块石头,像老僧面壁的样子。

这一天,徐霞客由接引崖踏雪经,扰龙松、僧坐石和青龙潭,晚宿松谷庵。松谷庵在叠嶂峰下,五龙潭附近。初为道观,南宋宝祐年间松谷道人张尹甫创建,明宣德年间重建,改为寺庙,名松谷庵。当时的宁国知府罗汝芳题额,又题"东土云山"四字。

初八这天,徐霞客原准备去探石笋奥境,怎奈天公竟不作美,浓雾弥漫山野。徐霞客因急着探奇,没想到竟然因为浓雾而迷失了方向,又下起雨来,还好在炼丹台附近碰到一个庵,就在庵中歇宿。

炼丹台又名轩辕晒药台,在炼丹峰下,海拔一千八百米处,是黄山最高的观景台,台石黝紫色,石面平坦,据说是黄帝与容成子炼丹晒药处。它的右侧深壑为炼丹源,对面为晒药源。

以后的几天,一直下雨。徐霞客只好在大雨的间隙暂时出去一会儿,可惜不能远游。初九日,由庵僧慈明引导游西南诸峰,欣赏"达摩面壁""秃颅朝天"等山岩造型,从描写的景色和位置来看,大概是始信峰一带,因雨又返回佛庵。

初十日,过飞来峰,再经平天矼、天门坎下山,又因雨宿于大悲庵附近的佛庵。十一日,冒雨过百步云梯,下八百级莲花沟,回到慈光寺,再由汤口出山。

徐霞客漫游几天,仍然未能尽兴饱览黄山那无与伦比的雄姿秀色,也没能登上他盼望已久的天都峰、莲花峰,更没能拜访文殊院。因此,在下山的同时,他就下了再登黄山的决心。

唯一的安慰是,可以再去山下的温泉池泡澡。临走时,徐霞客还不忘考察黄山一带溪流的走向。他发现,黄山的溪流如松谷溪、焦村溪都是向北流出太平县,即便向南流的汤口溪,也

向北转，流到太平县后再流向长江，唯独汤口西边有条溪，到芳村而成巨流，向南流去岩镇，到徽州府西北面与绩溪汇合。

这里，徐霞客寥寥数语，却揭示了大问题，揭示了黄山为长江水系和钱塘江水系的分水岭，具体位置就在桃花峰和云门峰之间，这两个峰以北的桃花溪和逍遥溪经汤口北转，又流入太平县，松谷、焦村之水也北出太平，只有汤口西边的水才流入绩溪。

考证水道流向是徐霞客旅行途中的一项重要工作，但第一次到黄山就能正确地指出黄山四周溪流的流向，正体现了他敏锐的观察能力。

第二章 | 遍游附近名胜

休整后赴江西庐山

明神宗万历四十五年(1617年),徐霞客主要在家休整和处理事情。空闲时间,偶尔进行的主要是短线游,如善卷洞和张公洞。

进行了一年的短线游后,万历四十六年(1618年)八月十八日,徐霞客由江阴出发溯长江而上,经九江来到有名的庐山。

庐山位于江西九江市的南面,北临长江,东南接鄱阳湖,近据江湖之胜,为其他名山所少有。因传说远在周代有匡氏兄弟隐遁在这座山中,筑草庐而居,故名匡庐。

庐山山体久经沧桑变化,既有花岗岩侵入,又有巨厚沙岩沉积,在晚近的地质时代发生断块上升,形成与附近鄱阳湖平原高差上千米的断崖绝壁,又久经流水侵蚀,切割出条条深谷,沿山体四廓出现很多急峡、高崖、飞瀑等奇丽景观。而山上则为久远地质年代遗留下来的平缓的山峦,地势比较开阔。由于气候湿润多雨,满山草木繁茂,所以风光也很清秀宜人。

古代大诗人陶渊明、李白、白居易、苏轼都到过这里,留下不少诗篇。大书法家王羲之就曾在山中建有别墅。和他同时的高僧慧远在山中建立东林寺,开创了佛教中的"净土宗",使

庐山成为中国古代重要的宗教圣地。慧远还编写过《庐山纪略》,是中国最早的名山志。

苏东坡在他的《题西林壁》中则写道:

横看成岭侧成峰,远近高低各不同。

不识庐山真面目,只缘身在此山中。

想来,博览群书的徐霞客,也一定读过这首诗,说不定,他还是吟唱着这首诗登庐山的呢!当时徐霞客一行在九江换小船,南行进入龙开河,行二十里后,来到庐山脚下。

之后,徐霞客舍舟登陆,步行过西林寺,至东林寺,开始了庐山之旅。

东林寺是佛教净土宗的发源地,也被日本佛教净土宗和净土真宗视为祖庭。东林寺位于长江南岸,庐山西北麓,南面正对着庐山香炉、天地诸峰,北面依靠着东林山。东林山并不高,属于庐山的外围。山中有一条很大的溪水,从南面向西流,中间有一条大路作为分界线,是九江前往建昌的重要通道。东林寺的前面对着溪水,进门就能看到虎溪桥,规模庞大,正殿已经损毁,右侧的是三笑堂。

西林寺内珍贵文物很多,以七层千佛宝塔最有特色。千佛塔又名"砖浮屠",唐玄宗开元年间(713—741年)由唐玄宗敕建,原是石塔,高约丈余。自北宋仁宗庆历元年(1041年)开始,管仲文耗时九年将石塔改建为七层六面楼阁式,高四十六米,周长三十二米的砖塔,南北开门,通风除湿,东面二层开门,塔外登梯入塔室,可攀梯直登七层览胜。

八月十九日,徐霞客在向导的带领下,跋涉了两道溪涧,经过报国寺,在绿色的丛林和冷翠扑面的云雾中走了五里山路,来到了向往已久的石门涧。

石门涧素称庐山西大门,因天池山、铁船锋对峙如门,内有瀑布垂落而得名。这里气候温和,雨量充沛,植物种类繁多,又有"庐山植物一绝"之美誉。

石门涧是庐山第四纪冰川遗迹最典型的地貌代表,它是大自然恩赐给人类的礼物。第四纪冰川这个扭转乾坤的大自然雕刻家,鬼斧神工似的为石门涧创造了许多气势磅礴的艺术珍品。

大约在九亿年前,庐山及周围地区尚是一片汪洋大海,后经多次地壳活动,庐山才从海底慢慢上升起来,所以地貌景观奇特,地质内涵丰富多彩。它属典型的冰川地貌,距今约一百二十万至二十四万年前才形成这种"褶皱"型和"地垒式断块山"。

由于第四纪冰川作用,挟带着岩石的冰体从黄龙冰斗窄口处沿谷地移动,从而产生石门涧"U"形谷、冰门槛。在冰雪和冰川的创蚀作用下,形成屯集冰雪的洼地场所即冰川盘谷。铁船峰和天池峰的峭壁是冰川巨大压力而铸造的冰坡、冰溜面遗迹,此谓之大石门。

铁船峰东侧的石壁,其高上下落差三百零七米,其长四百二十米。"芙蓉削出插天半,千尺无枝不着土。"这种又光

又陡的冰坡、冰溜面是第四纪冰川的典型遗迹。其宏大之壮观、险峻之神奇、"装饰物"之秀丽，不仅在庐山首屈一指，也是神州一绝。

石门涧是庐山僧俗最早开辟的旅游景点。东晋时东林寺高僧慧远及庐山道人曾游览石门涧，并写下了吟咏石门涧的诗及序。

随后，唐代江州司马白居易曾到此觅古览胜，他在诗中感慨：石门涧的山水"清辉如古昔"，只是由于道路的险峻，庐山早期开发的景点"自东晋以后，无复人游历"。

山因人重，景借名传。对于这个"天险"，徐霞客早已心向往之。石门是庐山西南大断层绝壁上切割的深谷，窄处重重石峰夹立，其状如多层门闼。两旁峭崖陡峰层出错列，即使当地樵夫药农也视为危途，很少有人攀登。最窄处的"小石门"，石门涧两崖之间仅存一缝，游人入"门"需侧身才能通过。

徐霞客宛转于峰罅石隙，不但不惧艰险，反而非常高兴。渡过一道石门，已见石门涧瀑布，飞滚于乱峰之间。"下瞰绝涧诸峰……俱从涧底矗耸直上，离立咫尺，争雄竞秀，而层烟叠翠，澄映四外；其下喷雪奔雷，腾空震荡，耳目为之狂喜！"再过石门一重，"俱从石崖上，上攀下蹑，磴穷则挽藤，藤绝置木梯以上。"这壮观的景象，使徐霞客狂喜不已。

庐山石门涧瀑布是庐山众多瀑布中最早录入史册的。一千五百多年前的《后汉书·地理志》中就有记载："庐山西南有双阙，壁立千余仞，有瀑布存焉。"

北魏《水经注》也有类似记载。东晋高僧慧远居东林寺,于东晋安帝隆安四年(400年)率门生三十余人同游石门,留下《游石门诗并序》,开创了我国散文体游记的先河。

唐代大诗人李白在《庐山谣》中,以"金阙前开二峰长,银河倒挂三石梁"的诗句,描写了石门涧的磅礴气势。难怪徐霞客要不避艰险畅游石门涧了。

石门涧是深谷积水而成的湖。潜隐湖底的杂乱怪石与兀立溪涧的巨岩,沿涧巧布,成为"石台",最大的一块光滑的磐石上可坐数十人,石上镌有"石门涧"三个大字。

过大磐石,庐山石门涧峡谷更加险仄,如剑插天尺,争雄竞秀。在这大断层中,桅杆峰与童子崖从涧底直上,奇峰簇拥,迭峰屏立。峰峦几乎都呈九十度垂直,上接霄汉,下临绝涧。

石门内,有一层层佛舍面峰倚壁而建。从佛舍后的小路过去出石门几乎无路可走,只有令人望而生畏的石崖。徐霞客与向导拽着葛藤攀缘,藤也没有了,就将随行带来的木梯架起来往上爬。

这样走走爬爬,就到了怪石重叠的狮子岩。狮子岩的下方建有静室。翻过山岭,道路都十分平坦。继续向上走一里多路,找到了一条大路,就是从郡城南边而来的那条。通过石阶向上,一座大殿映入眼帘,由于雾气太过浓厚的缘故,从远处辨别不清。走近一看,只看到红色的柱子、彩漆的栋梁,这里便是天池寺了,应当是损坏之后重新修建的。

大天池位于庐山西北天池山顶,池呈长方形,池水碧悠,光

灵如玉；池原是天池寺内的放生池，天池寺为庐山山顶最古老的寺院。龙首崖之险、凌虚阁之云、文殊台之佛光，堪称大天池"三绝"。

徐霞客游览了大天池附近的聚仙亭、文殊台、白鹿升仙台、佛手岩和访仙台等旧址。徐霞客发现，访仙台后的岩石上写着"竹林寺"三个字，奇怪的是，有石刻而无寺庙。

徐霞客认为，竹林寺是庐山幻境，可望而不可即。之所以有这种幻觉，是因为风雨之中，人们登临此台，似乎能听到寺院的钟声和诵经声，因而作此幻想。也就是说，竹林寺只是人们幻想的结果，真实中并不存在。

最后，徐霞客从大路到达大林寺。寺庙景色优美，山环溪绕。大林寺为四世纪僧昙诜所创建，位于大林峰上。唐代大诗人白居易曾到此寺游览，写下了著名的《大林寺桃花》：

人间四月芳菲尽，山寺桃花始盛开。
长恨春归无觅处，不知转入此中来。

第二天早晨，徐霞客从天池寺出发，去文殊台，俯瞰铁船峰。铁船峰俗称"桅杆石"，与龙首崖隔涧相望。高峰矗立，似巨舰昂首，故名。

徐霞客登上文殊台后，见四壁山崖峙立。此时雾散天晴，视野开阔。一旁的铁船峰，似乎可以一步飞上。庐山北面山岭重重，鄱阳湖、长江像玉带一样延伸到天边。

兴之所至，徐霞客决定再到石门涧一游。游毕，他越岭东行数里来到仰天坪，想一览庐山最高峰大汉阳峰的风采。

在仰天坪，徐霞客观察了这里的山脉水道分合源流。他发现，在仰天坪的北面，水都向北流，归九江，而仰天坪的南面，水向南流，归南康，仰天坪成了庐山的分水岭。

在这里，徐霞客又一次展现了自己在考察、积累水道源流方面的功底，当然，这功底也是长期观察的结果。

从仰天坪到大汉阳峰，中间隔着桃花峰，尚有十里之遥。徐霞客在茂密的竹林中找到了一座极简陋的寺庙，里面出来一个和尚挑水磨豆腐，他就是明代庐山高僧慧灯。

第二天，徐霞客直奔大汉阳峰。大汉阳峰是庐山的最高峰，海拔一千四百七十四米，南望鄱阳，东眺湖口，西瞰建昌，诸峰历历，一目了然，于此尽得庐山大势。虽不及五老峰奇险，但雄伟高大，气概非凡。

大汉阳峰其北还有一座小峰，故人们称它为大汉阳峰，小峰称小汉阳峰。汉阳峰路远，一般游人遥望其平淡无奇，去的人很少。徐霞客志在考察，路虽然较远也一定要去，最高峰必登，可见他的旅行不是一般的游览。

徐霞客听说五老峰比汉阳峰更奇险，便没有在汉阳峰上多作停留，稍事休息便向五老峰进发。五老峰在庐山东南，因山的绝顶被垭口所断，分成并列的五个山峰，仰望俨若席地而坐的五位老翁，故人们便把这原出一山的五个山峰统称为"五老峰"。

五老峰根连鄱阳湖，峰尖触天，海拔一千四百三十六米，虽

高度略低于大汉阳峰,但其雄奇有过之而无不及,为全山形势最雄伟奇险之胜景。

李白在他的《登庐山五老峰》的诗中写道:

> 庐山东南五老峰,青天削出金芙蓉。
> 九江秀色可揽结,吾将此地巢云松。

李白认为五老峰"俊伟诡特","真天下之壮观也"。历代熟悉庐山的人对五老峰都赞不绝口。

徐霞客急于一探五老峰,但是到五老峰附近,"望峰顶坦夷,莫详五老面目"。也就是说他看到山顶是平缓的,一点也不奇险,这不是很奇怪吗?

不过当徐霞客登上峰顶,一切都弄清楚了,原来五老峰的西北面是一岗起伏相连,与谷地相差不过几十米,没有什么特色。而山的东南侧"从绝顶平剖,列为五枝,凭空下坠者万仞",山外更无高山屏蔽,视界宽广。五峰并列,"峰峰各奇不稍让,真雄旷之极观也"。

五老峰是由砂岩组成的,外侧的大断层露出明显的层理,由地壳变动造成的垂直节理也很多,经过崩裂、切割,便形成了五个大峰,大峰腋下又有小峰,峰间巨石垒垒,崖隙森森,为庐山最险怪之处。徐霞客的描述典型地表现了断块山断层地带的特点。

走下五老峰,徐霞客与向导一路上登危崖,历绝壁,辟荒榛,穿竹莽,直奔三叠泉。

五老峰东山谷中的三叠泉，一瀑分三级泻下，被称为"庐山第一奇观"，所谓"匡庐瀑布，首推三叠"，还有"未到三叠泉，不算庐山客"之说。不过这个雄壮的瀑布秘藏于深山中，直到南宋时才被世人发现。而因其地势险峻，"道路极艰"，至今也不是每个游庐山的人都能有幸一览它的风采。

　　三叠泉由大月山、五老峰的涧水汇合，从大月山流出，经过五老峰背，由北崖悬口注入大盘石上，又飞泻到二级大盘石，再喷洒至三级盘石，形成三叠，故名。三叠泉势如奔马，声若洪钟，总落差一百五十五米。瀑布分三叠，各异其趣，古人描绘曰：

　　　　上级如飘云拖练，中级如碎石摧冰，下级如玉龙走潭。

　　徐霞客一日连游汉阳、五老二峰，当天紧接着再游更远的三叠泉，这种游法即使今人也难以做到，其勇气和体力实在令人钦佩。

　　从五老峰中新建的佛寺，向北走了一里，路就到了尽头，渡过山涧。沿着山涧的东侧向西走，流淌的河水向下注入乱石之中，两侧有山夹峙，丛生的竹子以及长树枝，从上到下都郁郁葱葱的，越是往里面走，景色就越是美好。

　　接着，山涧岸边的道路也到了尽头，徐霞客只能在山涧中间的乱石中前行，圆圆的石头很容易打滑，尖锐的石头则容易将鞋子刺穿。就这样前行了三里，他来到了绿水潭。

　　绿水潭前面的峭壁毫无规则地耸立着，环绕着互相逼近峙立。向下鸟瞰看不到底部，只听得到轰隆隆的仿佛要震倒峡谷

的声音，泉水不知道从哪里下坠。到了这里，山涧中的路也到了尽头，于是就向西面攀登山峰。

山峰前的石台顺着山势撅起，俯瞰周围都是层层悬崖，显得异常的阴森且狭窄。泉水被其所遮蔽，看不到，一定要到对面陡峭的石壁上，才能将这里的景色全部看清。于是徐霞客沿着山冈，向北走再向东转。走两里，走到对面的陡峭的山崖上，向下俯瞰，则一级、二级、三级的泉水，开始依次尽览。

二十二日，徐霞客游览了三峡涧、白鹿洞、鹤鸣峰、万松寺等，之后将重点放在开先寺后的开先瀑布上。

开先瀑布是庐山著名的瀑布。李白脍炙人口的《望庐山瀑布》诗写道：

　　日照香炉生紫烟，遥看瀑布挂前川。
　　飞流直下三千尺，疑是银河落九天。

李白的这首诗吟咏的就是开先瀑布。当年李白至此，仰观巨瀑如从天而降，心神激荡，触景生情，写出了这首名诗，传诵千古，使瀑布声名益著。后人慕名来游者更众，也有不少吟咏佳作。

这条瀑布实际上是同源异流的两个瀑布，即东瀑布和西瀑布。东瀑布是从鹤鸣峰和龟背峰之间奔流而出，由于崖口狭窄，瀑水散成数绺，形如马尾，故称马尾瀑。西瀑布从黄岩山巅倾泻而下，名黄岩瀑，跌落到双剑峰顶的大龙潭后，再绕出双剑峰东，缘崖悬挂数十米，渐与马尾泉合流，经开先寺旁的青玉峡狂奔至龙潭中。

徐霞客抵达开先寺后,便急切地"从殿后登楼眺瀑,一缕垂垂,尚在五里外,半为山树所翳",显然不能满意。于是就顺流而下先游青玉峡龙潭,峡水在此处汇成龙潭,潭水澄澈。徐霞客为其美景所陶醉,坐在潭边,久久不愿离去,直到天光为暮色所浸染,才到开先寺休息。

第二天,徐霞客"由寺后侧径登山,越涧盘岭,宛转山半。隔峰复见一瀑,并挂瀑布之东,即马尾泉也"。然后走五里山路,攀至一尖峰绝顶上的文殊台。

对面的山崖上,一道银练似的瀑布奔流而下,比之前所见的西瀑气势更加雄伟。至此,徐霞客得见开先瀑布东、西二瀑的全貌。他对此无限感慨:"不登此台,不悉此瀑之胜!"

徐霞客每游一景,一定要追根究底,直至览其全貌,探尽其奥秘。他就是以这种精神和方法来游赏开先瀑布以及其他许多的名胜风光,这正是他不同于常人之处。

徐霞客又追溯瀑布的上游,一直到达双剑峰东北的黄石岩。岩石的形状有的奇异突兀,有的平坦得像磨刀石一般。岩崖侧面的茅草阁面积有一丈见方,幽静雅致如同与世隔绝一般。茅草阁的外面种着几株修竹,在群峰的上面微微摇曳,与山花、秋天的霜叶在山峰之间交相辉映。

坐了一会儿后,徐霞客到开先寺拿上行李,带上仆从,告别了庐山。徐霞客此次庐山之旅,耗时六天,几乎遍览庐山胜景,了却了多年的心愿,写出了《游庐山日记》。

再游黄山寻找胜景

明神宗万历四十六年(1618年)九月,徐霞客游罢庐山,再上黄山。可能是因为第一次游山多次因雨而止,未能尽兴,也可能因为黄山千峰千态、四时万变,百看不厌,更可能因为上次"过天都之胁"而未登其峰,天都峰又是黄山绝胜处,俗称"不上天都峰,白来一场空",所以徐霞客这次登山是直奔天都峰而来。

九月初四这一天,徐霞客又从汤口进山。和第一次凿冰登山不同,这次正是秋高气爽的黄金时节,气候条件十分适宜。在汤寺的汤池中沐浴后,徐霞客便手拄拐杖开始攀登。

过十里,登上黄泥冈,轻车熟路转进石门。那天都、莲花二峰,竟像是欢迎他似的,"俱秀出天半",而刚刚泛红的枫叶,与苍翠的松针相间,更是"五色纷披,灿若图绣"。

这一次,徐霞客选择了一条未曾攀登过的岔路,几乎在石缝中穿行。但见一片片石峰夹道耸起,山路在陡峭的石峰之间曲折蜿蜒。徐霞客站在山峰上俯瞰,不由得感慨:"黄山应该算是我平生看过的景色中最奇丽的了吧?"

走到天都峰时,仆从怕险阻,不敢向前,徐霞客也只好放慢脚步。但一路奇景,又引得他不知不觉地独自往上行。登上峰头之后,能看见一座寺院的飞檐如鸟展翅,这便是他上次想攀登而没有登上的文殊院。

文殊院在天都、莲花两峰间,后依玉屏峰,前有文殊台,左右有狮、象二石,左前方即是作为黄山标志的迎客松。徐霞客环顾四周,只见奇峰高下错落,壑谷纵横交叉,真是黄山上最绝妙的胜景。

徐霞客在文殊院与云游的僧人澄源邂逅,两人打算一起去攀登天都峰。庵中的和尚知道徐霞客来黄山之前就走了两百多里路,上文殊院又走了二十多里,早已累得不行,就关切地说:"天都峰虽然近,但没路。莲花峰虽然可以登上去,路又太远。不如今天就在这里看看天都峰景色,明天再登山。"

徐霞客说:"不要紧,今天一定要登天都峰!"他不顾寺僧的劝告,决意当天下午就与游僧澄源一道,攀登无路可登的天都峰。

当时没有路,更不要说石级台阶了。他们到了天都峰侧面,有时像蛇一样爬行,抓着草棵刺藤,在手足无可着处历险数次,终于登上峰顶。

此时浓雾时聚时散,一阵浓雾飘来,面对面也看不清楚彼此。远眺莲花诸峰,大多笼罩在云雾之中。走到前面,云雾就落在后面,越过右侧,云雾便从左侧升起,变幻莫测,如临仙境。

苍松迎风而立,曲挺纵横;翠柏干粗如臂,全都苔藓似的平贴在岩石上。从下往上看,忽而有碧翠尖削的山峰露出来,忽

而又全都隐没于云海。再眺望山下,则是阳光灿烂,简直是另外一个天地。

徐霞客为这神奇的景色所吸引,久久不愿离去。直到夜色临近,才恋恋不舍地下山。上山难,下山也难。天黑之后,山路将更加难行。他们索性坐着向下滑行。下到山坳时,暮色已经降临。远近山峰黑黑的,和夜色混在一块儿,早已分不出哪里是山,哪是夜色。

天都峰以险闻名天下,据史书记载,在天都峰的天梯全部建成之前,只有明朝的普门和尚和徐霞客、澄源和尚等极少数人登上去过。徐霞客的勇气,实在非常人可比。

第二天天一亮,徐霞客便告别澄源,直奔莲花峰。沿着那条路攀登一会儿之后,石磴没了,只有一条羊肠小径。这小径狭窄而险峻,峰顶上又都是巨石,悬于头顶,中间是虚空的。

徐霞客从缝隙里沿着层叠的石阶往上走,如同在层层楼阁中上上下下。终于到达峰顶,上有一块巨石,石顶上宽大空阔,站在上面环顾四周,但见天空一碧如洗,即使是天都峰,也低头居下了。

徐霞客站在峰顶,看看天都峰,又看看莲花峰,总觉得人们常说天都峰高于莲花峰的说法不准确。他又仔细目测,最后断定莲花峰高于天都峰。

这一看法,和后来科学实测的结果完全吻合。这一方面显示了徐霞客敏锐的观察力,一方面也体现了他不迷信、不盲从的精神。

第二章 | 遍游附近名胜

到九漈为母亲祈福

徐霞客曾经旅途往返多少载,他觉得母亲年事已高,还在助自己远行,心中实在不忍,便想依照古训不再远游,在家照顾老母,以尽人子之孝。

母亲敏感地察觉到了儿子的心思,笑着对他说:"母亲不是多次告诉过你吗?我能吃能睡,身体硬朗着呢!不要老为我担忧,这不,我还一直想和你一起走一趟呢!"

在老母亲七十三岁的时候,霞客真的陪着母亲游历了荆溪的善权、张公二洞。一路上,母亲神清气爽,十分开心,常常不甘示弱地走在儿子的前面。

母亲八十寿诞的时候,游兴不减,精气神仍然很足,还让霞客陪着她游历了荆溪和茅山。有人说徐霞客健足凌云,原来是有遗传的。

徐霞客曾说,浙江、福建已经去过了,眼下想去的地方是四川的峨眉山和广西桂林,以及太华山、恒山等名山,下一步的目标是罗浮山和衡山,再下一步,想去看看浙江的五泄和福建的九漈。

但是,因为母亲年迈、路程遥远,四川、广西和陕西关中等

地不便出游，衡山、湘江等地，可以在路过的时候游览，完全不必专程前去。考虑到路途远近，只能就近观赏一下九漈了。

九漈即九漈瀑布，位于福建仙游东北的九鲤湖风景区。九鲤湖是仙游"四大景"之一，以湖、洞、瀑、石四奇著称，其中的"湖"指的就是九鲤湖了。

九鲤湖位于万山之巅，是一个秀丽的天然石湖。相传汉武帝时，有何氏九兄弟在此炼丹，丹成，湖中赤鲤化而成龙，兄弟九人各乘一龙，飞升成仙，九鲤湖因此而得名。

九鲤湖荡青漾翠，碧澄一泓。湖的四周，林木葱茏，千岩竞秀，怪石嵯峨，瀑漈泱泱，融林、瀑、水、石之胜景于一处。

湖的上游，坦荡的水底岩石上，遍布如臼如樽、似瓮似井等奇形怪状的洞穴，有的深不可测，相传为九仙炼丹的遗址。千百年流传的何氏九仙传说，吸引了无数达官显贵、文人墨客前来观光、祈梦，留下许多珍贵的诗文佳作和摩崖题刻。

在山间林野有着无数奇岩怪石，诸如蓬莱石、瀛洲石、羽化石、玄珠石、龙擦石、枕流石、天然坐等。这些奇石上又留下不少历代名人的题刻，如宋代兵部侍郎陈谠的"天子万年"、明代林有恒的"第一蓬莱"和李翔书的"观瀑"等，字体古朴大方，潇洒自如。

九鲤湖最著名的风景是九漈瀑布，"漈"就是福建方言"瀑布"的意思。九漈全长二十多里，沿途悬崖夹峙，蜿蜒曲折，景色十分优美，引人入胜。故自古就有"鲤湖飞瀑天下奇"之美誉。

各漈因形状得名，分别是雷轰漈、瀑布漈、珠帘漈、玉柱漈、石门漈、五星漈、飞凤漈、棋盘漈、将军漈,其中最为壮观的是瀑布、珠帘、玉柱三漈。

九鲤湖的魅力不仅在于其优美的自然风光,更在于它独特的文化。九鲤湖是我国汉族居住区祈梦文化的发源地,何氏九仙是民间流传时间最长、影响最广的司梦神灵,是历史上唯一被公认为全国性崇拜的梦神,其祈梦程式自唐宋一直沿用。

历代达官显贵、骚人墨客来此朝圣、祈梦之风盛行。六朝太府卿郑露,宋端明殿学士蔡襄,明礼部尚书陈经邦、状元罗伦、江南才子唐伯虎都来过这里游览、祈梦。

徐霞客此行也有此意。万历四十八年(1620年),徐霞客的母亲经历一场大病。这一年四月,徐霞客为庆祝母亲大病得愈,专门修建了"晴山堂",取"晴转南山"之意。

徐霞客久闻九仙托梦十分灵验,特意前往,为母亲祈梦乞寿。万历四十八年端午节后的第二天,徐霞客启程前往九鲤湖,同行的还有叔父芳若。

六月初八,徐霞客一行到达莒溪。莒溪在浙江最南苍南的最西端,是九漈的下游。徐霞客估计往上攀登肯定能看见不错的景致,于是沿着石阶往上走。

徐霞客的叔父和仆人都害怕登高,认为他肯定走错路了。徐霞客却越走越兴奋,觉得离目的地不远了。果然,翻过一座小岭,就到了第一漈雷轰漈。

沿涧水稍稍往下看,平滑的底部出现很多洼坑,洼坑中的圆孔,分别称为灶、臼、樽、井,前面都冠以"丹"字,传说是九鲤

仙人们炼丹的遗迹。

刚刚还平缓地流经这里的洞水，突然就往下坠落到湖中，滚滚流水猛击漈口岩石，直扑湖边溶洞，发出阵阵轰隆的巨响，如隆隆闷雷，把石湖喧闹得沸沸扬扬。

九仙祠就建在瀑布西边，一片巨岩之上，岩底中空，与湖水相通，古人称为"蛤蟆穴"。湖水不是很浩瀚，但在万山中显出一片清澈碧蓝，湖边绿树环绕，湖中清波荡漾，让人不得不感叹大自然造物的神奇。

九仙祠右边有石鼓、元珠、古梅洞等胜景。古梅洞在祠旁边，由大石头架空建成，石头上的缝隙自然成门。正对九仙祠，并隔着九鲤湖往下坠落的瀑布，就是第二漈瀑布漈。

湖水在石湖的出口横溢漫流，接着形成腾空白浪，冲过扼住去路的卧石岗，化作汹涌咆哮的洪涛，擦石飞泻百丈远，无遮无挡地跌落悬崖。每当骄阳横空，漈下便有跨谷彩虹，壮丽奇异。

从瀑布飞奔而下的湖水，撞击兀岩，直坠深潭。于是串串"珍珠"高垂万仞滚滚而撒，织就一幅不愁风雨不须钩的珠帘，悬挂在陡陡的崖壁上，令人目不暇接，这就是第三漈珠帘漈。

这个时候，天色还很早。徐霞客却一反常态，早早结束了游览。因为他害怕白天过于劳累伤了精神，影响晚上的睡眠。睡不好，便不能感应到九仙所托之梦，不能为母亲祈寿。

临睡前，徐霞客还不忘虔诚地祈祷，希望九鲤仙能够来托梦，从中可以看出他与母亲的感情。

第二章 | 遍游附近名胜

第二天,徐霞客决定去探游九漈的源头。他从昨天到达的珠帘漈往下走,来到了玉箸漈。瀑布自峡西的盘龙山山垅而来,流至断崖,被劈成两股粗细差不多的水柱,循着笔直的峭壁平行坠入深潭,犹如一双修长洁白的玉箸挂在空中,遇山洪瀑泻,又像两条笔直雪亮的银柱,顶天立地,蔚为奇观。

徐霞客独自沿着涧底的石道来到潭边,坐在旁边的石头上,仰头看那两条飞瀑。深深为这美景所迷醉,久久不愿离去。过了好一会儿,才顺着山涧往下走。

峡谷两边突然陡峭起来,山涧右边的路已经断了,往左边走去,有木板架在断岩上,但需要先横渡溪流。于是徐霞客涉过涧水向左走,来到第五漈石门漈。

漈中奇石参差不齐,流水潺潺。漈的两侧屹立着回头峰与耸天峰两座山崖,中间形成一道宽仅丈余的石峡,宛如一座大门。人在中间攀缘,如同猿猴一般,山风吹来,让人瑟瑟发抖,完全忘记了外面的炎炎烈日,恍若隔世。

从玉箸漈开始,山谷深邃,道路断绝,几乎没有游人。徐霞客一路独行,只有水声和鸟鸣相伴。

走出石门漈,山势渐渐开阔。山涧右边的陡崖如同屏障排列,左边的飞凤峰盘旋而对,水流环绕着山峰,倒映出峡谷。下面依次是第六漈五星,第七漈飞凤,第八漈棋盘石,第九漈将军岩。

五星漈距石门漈有两里多路,漈中万石嵯峨,难以名状,只见五巨石恰似五星屹然错落。漈水在岩石间迂回缓流,波光粼斓,色彩斑斓。

一泓明净的湖水中,矗立着云绕雾腾的飞凤山,湖水沿着山坳萦回成飞凤潈。此地一收那喧嚣的气氛,而代之以清幽寂静、鸟语花香,如同置身于世外桃源。

棋盘潈距飞凤潈约一里。潈中横卧一块方正如削、状如棋盘的巨石,流水漫石前扑,似乎在告诉人们:术数无定,世事如棋,人生奥妙,尽在景中也。

将军潈距石湖二十四里。潈的尽头高高地耸立着两座石崖,状如将军把门,雄伟无比。

一路上都是云蒸霞蔚,山水之趣益然。两岸山石都可以坐卧,泉流可以涤荡身心,竹木成荫又添云雾缭绕。这连绵数里的美景,让徐霞客目不暇接,流连忘返。

徐霞客情不自禁地赞叹:"即使是庐山的三叠泉瀑布,雁荡山的龙湫瀑布,美的也只是一个方面,不如这九潈的风光,无论是单看一点,还是纵观全局,都美得无懈可击。"

从九潈出来,又走了一段到莒溪,徐霞客一行从那里原路返回。初十日,徐霞客到达石竹山。石竹山素以石奇竹秀而得名,有"雅胜鼓山"之誉。

山间有紫云洞、桃源洞、通天洞、日月洞、摘星台、化龙窝、鹤影石、蓬壶石、鸳鸯石、棋盘石、龟蛇石、蟠桃石、穴窦、洞天等奇岩怪石组成的天然石景,千姿百态,美不胜收,令人流连忘返。徐霞客用一天时间游览了石竹山,之后返回了家乡。

第三章 进行远程环游

第三章 | 进行远程环游

拜访仰慕已久的嵩山

早在童年时代,徐霞客就树立了登览中岳嵩山、东岳泰山、南岳衡山、西岳华山、北岳恒山的志愿,中岳嵩山的名气在五岳之上,仰慕之心更切。

五岳中有四岳在北方,徐霞客的第一次北方之旅来到了山东、河北等地,可惜没有留下日记。明熹宗天启三年(1623年),徐霞客开始了他的第二次北方之旅,目标直指五岳之尊嵩山。

徐霞客很早就有一个大的构想,要经湖北入陕西,登西岳华山,再出剑门关过连云栈入四川,登峨眉山,然后考察长江顺流而返,但总因有种种顾虑未能成行。

自武夷归来后,徐霞客将附近的地方差不多游了个遍,加上年纪也渐渐大了,西去的愿望日益强烈。

母亲大病痊愈后,在家两年的徐霞客终于决心踏上西去的旅途,但是,因为不忍心久别年迈的老母,还是不得不大大改变了原计划,改为绕一个不太大的圈,先游中岳,再游西岳,回来时游太和山。

正是"千里冰封,万里雪飘"的二月,徐霞客踏雪履冰,由陆路北上,直驱徐州,然后向西进入河南,花了十九天的时间,抵

达河南开封府郑州的黄宗店。

沿黄宗店右边登石坡,观看圣僧池。一潭清澈的泉水,汇聚在半山腰,如碧玉一般。山下深涧纵横交错、高低重叠,涧中干涸,没有一滴水。下坡后从涧底走,顺着香炉山曲折地往南行。

香炉山的形状是三座尖峰挨得很近,如同倒置的鼎,众多的峰峦环绕,景色秀丽迷人。涧底散乱的石头布满沟壑,显现出紫玉色。两岸崖壁宛转,崖石质地细密、色感润泽;想象清澄的流水从涧中倾泻而过时,水珠喷溅、绿波翻涌,又该是何等的景致啊!

走十里,登上石佛岭。又走五里,进入密县境,遥望嵩山,还在六十里以外。从岔路往东南走二十五里,过密县县治,到达天仙院。天仙院祭祀黄帝的三女儿天仙,白松矗立在祠堂后面的庭院中,相传黄帝的三女儿是在白松下蜕变成仙的。

松树有四人围抱粗,一棵树根分出三棵枝干,三干鼎立,高耸入云,树皮柔滑得好似凝固的脂肪,比涂过粉还要洁净,松枝弯弯曲曲如同虬龙,绿色的松针迎风飞舞,昂首挺胸,亭亭玉立在半空中,真是奇观啊!

松树周围有石栏。一道长廊正对北方,廊中题有很多诗词楹联。徐霞客在长廊中逗留了很长时间,才下去观看滴水。山涧到这里突然下陷,一块崖石从上面覆盖,水从崖石上往下滴。

二月二十日,徐霞客开始登山。从小路往南走二十五里,沿途都是土冈和不规则的高地。走了很久,才看到一条溪水。

渡过溪水,往南从冈梁上行走,往下就看到了石淙河。

自从进入开封府,地势平坦舒展、宽阔无边,古人称之"陆海"。平地上难以有泉水,有了泉水又难以有岩石。走近嵩山才开始看到蜿蜒起伏的众多山峰,北边有景溪、须溪等河流,南边有颍水,但这些河流都盘绕隐伏在土堆沙滩中。

只有登封东南三十里的石淙河,是嵩山东面山谷中的流水,将往下流入颍水。一路上,地形高低不平、宛转曲折,水都在地面下流,流到这里,忽然遇到形状峥嵘的巨石。

巨石突立在高高的山冈和峡谷之间,有一夫当关、扼险制要的气势。水浸泡到巨石胁下,从此水石交融,形态俏丽,变化万端。流水环绕的两岸崖石,像天鹅延颈而立,又像大雁成行而飞;矗立在水中的岩石,则犹如犀牛饮水、猛虎卧伏。

低矮的岩石形成小岛,高大的岩石形成平台,岩石越高大,则距离水面越远,却又中空而形成石窟和石洞。水在山崖中间流淌,岩石峙立水上,石态水色,如肤如骨,景致极其妍丽。

徐霞客一行登上山中高地,往西北走到中岳庙。中岳庙位于嵩山南麓的太室山脚下,背倚黄盖峰,面对玉案山,西有望朝岭,东有牧子岗,群山环抱,布局谨严,规模宏伟,红墙黄瓦,金碧辉煌。

中岳庙是中国道教在中原地区活动的最早基地,前身是太室祠,最迟在西汉汉武帝时已经存在,原为祭祀嵩山太室山神的场所,随着祭祀山岳制度的消失,中岳庙后来成为道教的活动场所,但仍保留着礼制建筑的特点。

中岳庙中轴线上的建筑高大雄伟,主殿峻极殿是五岳中最大的殿宇。中轴线两侧分布有古神库、四岳殿、东西廊房、火神宫、祖师宫等多组院落,是道士分别举行祀典和生活的地方。完整的建筑布局使中岳庙成为一座主次分明、错落有致、布局紧凑、色调和谐的庞大建筑群。

徐霞客心中向往着卢岩寺,就从中岳庙东北沿山行。越过数道高低不平的坡地,走十里,转进山,到达卢岩寺。寺外几步远之处,就有铿然作响的流水坠入石峡中。峡谷两边的山色,雾气弥漫,蕴为云霞。

溯流上到寺后,峡谷底部陡崖矗立,如半圆环绕,上部倾覆,下部凹削。飞流的泉水从空中直泻而下,仿佛丝绸凌空飘舞,细雨般的水珠洒满山谷,和武夷山的水帘洞不相上下。

山以有水为奇,而水又得岩石映衬,岩石能助水而不是阻水,从而使得泉水飞流,于是大大胜过武夷山了。徐霞客在瀑布下徘徊,僧人梵音用茶点款待了他们。

返回中岳庙时,天色已经昏黑。二十一日早晨,徐霞客走出大殿,向东攀登太室山绝顶。太室山是嵩山的东峰。据传,禹王的第一个妻子涂山氏在此生下了儿子启,山下建有启母庙,故称之为"太室"。

徐霞客前一天去卢岩寺时,首先经过东峰,途中看见峰峦秀丽突出,中部裂开如同门扇,有人指着说是金峰玉女沟,顺沟也有路登上绝顶,于是他们寻找打柴的人,约好做向导,今天就从这里上绝顶。

第三章 | 进行远程环游

走近秀峰突出处,山路渐渐断开,险要到了极点,不可能直接越过去。往北靠土山走,路窄得好像一根线,只容向上攀爬,大约跋涉了二十里路,才越过东峰,不久转到裂门上面。往西翻越狭窄的山脊,看着绝顶往前走。

这一天,浓黑的云如同用墨染过,徐霞客没有因此停步。此时雾气越来越阴沉,稍稍晴开时就可以俯视绝壁重崖,似丝织品罗列、玉石剖开;云雾聚合时,则如同在大海中前进。走了五里,到达天门峰。上下都是重叠的石崖,路上积雪很多。

向导指着最陡峻的地方,称为大铁梁桥。转向西走,又三里,绕着山峰往南下,到登高岩。大凡幽深处山岩多数不畅通,畅通处岩石又缺少曲折、隐蔽以及互相映衬的景致。

此岩上靠层层山崖,下临陡峭的深壑,洞门重山簇拥,左右环靠平台及屏障般的山峰。一上登高岩,就有又深又大的洞穴,洞壁斜穿;在洞中穿行数步,山崖忽然从中断开五尺,没有可以落脚的地方。

向导是当地的老樵夫,敏捷得好似猿猴,侧身跳到断崖对面,取来两枝树干,横架在断崖上形成阁道。过了断崖,拱形的岩石高高覆盖在上方,当中有乳泉、丹灶、石榻等名胜。

从岩边攀登而上,另外又有一平台,三面悬空在极深的沟壑中。向导说:"往下可以俯视登封县,远处看得到箕山、颍水。"可惜当时四周浓雾弥漫,什么都看不见。

走出登高岩,转北行二里,到白鹤观遗址。遗址在山间平地上,远离险峻而靠近平坦的地方,独自挺立着一棵松树,有一

种旷达的情趣。又往北上三里,才登上绝顶,顶上有真武庙,分为三列。旁边有一口井,井水清莹,名御井,是宋真宗到山顶上避暑时开掘的。

在真武庙吃饭时,徐霞客询问下山的路,向导说:"正道顺万岁峰下到山脚,有二十里。如果顺西沟悬空滑行而下,可以省掉一半的路程,但是道路极其险峻。"

徐霞客面露喜色,原以为嵩山不奇,没想到还有如此险峻之处。赶忙跟随向导,拄着手杖往前走。开始还傍靠着岩石穿越,拨开丛密的草木往下走。接着就从两石峡中滑行直下,仰望夹在两旁的崖壁几乎逼近天际。在这之前,峰顶上的雾气像雨一样往下滴,下到这里,雾气渐渐散开,景色也渐渐奇异。

但一直是垂直的沟谷。没有石阶,不要说不能行走,根本就无法停留。越往下滑,崖壁的气势越壮观,下完一道峡谷,又转入另一道峡谷。

徐霞客的眼睛不敢斜视,脚不能止住。就这样下了十里,才走出峡谷,到达平地,上了正道。经过无极洞,往西翻越山岭,在草丛中急行五里,到了法皇寺留宿。

二十二日,徐霞客出了山,往东行五里,到达荒废的嵩阳宫遗址。遗址上只有郁郁葱葱、峭然如山的三棵将军柏,这是汉朝封的称号;大的一棵有七人围抱粗,中等的要五人围抱,小的三人围抱。

又往东走两里,经过崇福宫旧址,再东边是启母石,有几间屋那么大,旁边有一块像磨刀石一样的平石。又往东走八里,回到中岳庙吃饭,观看宋代、元代的碑刻。

往西走八里,进入登封县。再往西走五里,顺小路往西北行。又五里,到会善寺,再西边是荒废的戒坛遗址。往西南行五里,出到大路上。又走十里,到达郭店。转向西南五里,进入少林寺。

少林寺位于嵩山五乳峰下,因坐落于嵩山腹地少室山茂密丛林之中,故名"少林寺"。始建于北魏孝文帝太和十九年(495年),是孝文帝为了安置他所敬仰的印度高僧跋陀尊者,在与都城洛阳相望的嵩山少室山北麓敕建而成。

少林寺是汉传佛教的禅宗祖庭,在中国佛教史上占有重要地位,被誉为"天下第一名刹"。寺庙十分庄严华丽,庭院中新旧碑刻森林般地排列成行,都很完好。

台阶两侧的两棵松树,高大雄壮而且整齐,如同用尺量裁过一样。少室山又名"季室山",横障在寺前,包含的三十六峰山势陡峭险峻,奇峰异观,比比皆是。传说,夏禹王的第二个妻子——涂山氏之妹栖于此,人于山下建少姨庙敬之,故山名谓"少室"。

二十三日,云雾完全散去。徐霞客进正殿拜完佛后攀登南寨。南寨是少室山绝顶,高度与太室山相等,但峰峦陡峭挺拔,享有"九鼎莲花"的盛名。

徐霞客昨天傍晚进寺时,就打听登少室山的路,都说雪深路断,肯定去不了。徐霞客登太室山时,云烟雾气弥漫,有人认为是山神拒绝游客,却不知道太室山雄伟高大,恰好只需露出

半面。今天则十分晴朗,还有什么能够阻止徐霞客登山呢!

　　徐霞客从寺南渡过山涧登山,走六七里,到达二祖庵。到这里,山忽然明显没有土而全是石头,石崖往下坠落,形成深坑。坑的半中腰有泉,泉水越过岩石,飞速下泻,也用"珠帘"命名。

　　徐霞客拄着拐杖独自往前走,愈下去愈没有路,很久才到崖底。其岩比不上卢岩雄伟开阔,但幽深峻峭则超过卢岩。岩下一潭碧绿的清泉,四周积雪板结。

　　又往上走,到炼丹台。台三面悬空,一面斜靠青翠的崖壁,台上有亭,名小有天,一般游人的足迹从来没到过这里。

　　从这里过去都是顺石脊抬着头直直往上攀登,两旁陡岩高万仞,石脊悬挂在陡崖之中,几乎没有一寸土,手足竭尽全力地交替使用,才能升登。一共七里,才登上大峰。

　　大峰的地势宽阔平坦,刚才都是陡直的岩石,现在又突然全是土。从草丛荆棘中莽撞地往南上,大约五里,就登上南寨顶,覆盖在岩石上的土到这里完全消失。

　　南寨其实是少室山北顶,就少林寺而言,才是南寨。原来少室山顶从中裂开,横断为南北两部分,北顶像屏风伸展,南顶像利刃排列峙立,两座山顶前沿相距仅八尺,中间是深谷,陡直下陷如同用刀剖开一样。

　　两边山崖相夹,从底部奇特地耸起一座山峰,高出众峰之上,这就是人们所说的摘星台,为少室山的正中央。绝顶和北部山崖若即若离,彼此间断开不能越过。低头看绝顶下面,只有很少的一点和北崖相连。

徐霞客脱掉衣服顺着走，登上绝顶，南顶的九峰森林般地峙立在前面，北顶的半壁屏障横列在后面，东、西两面都是深坑，低头看不见底，狂风忽然刮来，人几乎要乘风飞去。

下一座峰，峰脊渐渐狭窄，土石交互出现，荆棘藤蔓覆盖，抓着树枝荡着行走，岩石忽然耸立万丈，必定过不去。转向上攀，从峰势蜿蜒处往下走，但岩石又像前面一样陡然突立。

来来回回不止数里，才迂绕过一道山坳，又走五里后才有路，是龙潭沟。仰望刚才迷路之处，陡峭的崖壁、倾斜的岩石，都在万仞高的绝壁上。清流从中喷涌，高峻阴森的崖石，都披上了云霞。

峡谷夹着山涧转，两边崖上的静室如同蜂房、燕窝一样。共走了五里，一处幽静碧绿的龙潭，深得无法丈量。又经过两处龙潭，于是走出峡谷，住在少林寺。

二十四日，徐霞客从寺西边往北行，经过甘露台，又经过初祖庵。往北四里，登上五乳峰，探游初祖洞。洞有二丈深，宽不到二丈，是达摩面壁九年的地方。

洞门下对少林寺，正对少室山。地下没有泉水，所以没人居住。往下到初祖庵，庵中供奉着达摩影石。影石不到三尺高，白色的石质、黑色的花纹，俨然一幅胡僧站立的图像。

中殿六祖慧能亲手种的柏树，已经有三人围抱粗了，碑文记载说，树是慧能放在钵中从广东带到这里来的。台阶两侧的两棵松树不如少林寺的松树。

少林寺的松柏都是挺拔雄伟,不像中岳庙的仰倒、匍匐而盘曲,这里的松柏也是直立的。下到甘露台,土山矗立,山上有藏经殿。从甘露台下去,经过三层殿宇,各种碑刻遍布,令人目不暇接。后面有千佛殿,其雄壮华丽的建筑,很少有比得上的。

二十五日,徐霞客往西南行,山冈忽然被劈断,这就是伊阙山。伊阙山又称龙门山,在洛阳南面,西起熊耳,东连嵩山,为洛阳南面的险要关隘。龙门石窟就布列于伊阙两侧的悬崖峭壁之上。

伊水从南边流来经过山下,水的深度可以通行载重数石的船。伊阙山相连的山冈,从东往西横贯,伊水上架有木桥。渡水到西岸,崖壁更加陡峭、高耸。

一座山都劈成崖壁,整个崖壁上全部雕刻有佛像。有几十个大洞,高达数十丈。大洞外峭壁直插山顶,顶上又凿有小洞,洞中都雕刻有佛像。即使是一尺一寸大小的表层,也都雕满了,看上去无法计算。

山洞左边,泉水从山上流下来,汇聚成方池,其余的泻入伊水。伊阙山高不过百丈,却有源源不断的淙淙清流,这在当地很难得。

山前人挤着人,车挨着车,是湖北、河南通往西北陕西关中的大路。徐霞客决定从这里取道去西岳华山。

仓促的西岳华山之旅

明熹宗天启三年(1623年)二月,徐霞客游览了伊阙山和龙门石窟后,取道赶往西岳华山。华山,古称"西岳",雅称"太华山",南接秦岭,北瞰黄渭,是中华民族的圣山。

中华之"华",源于华山,由此,华山有了"华夏之根"之称。华山是道教主流全真派圣地,为"第四洞天",也是中国民间广泛崇奉的神祇,即西岳华山君神。

华山山脉是深层侵入岩体的花岗岩浑然巨石,顶部是粗粒斑状花岗岩,中部是中粒花岗河长岩及片麻状花岗岩。

自古以来,华山一直以险峻著称,被誉为"奇险天下第一山"。其主峰嵯峨,一柱擎天,气象和嵩山又不相同。华山主峰有三座,东有朝阳峰,西有莲花峰,南有落雁峰,三峰鼎立,环抱着中峰玉女峰。又有北峰云台峰,独立于三峰之下。

远望去,整个华山状如荷花,古代"花"即作"华",因此得名。华山是道教名山,加之与古都长安相邻,人文景观也非常丰富。徐霞客在《游太华山日记》中记载了他在路途艰辛的情况下如何畅游华山的。

二月底,徐霞客进入潼关。因为潼关地处黄河渡口,位居

晋、陕、豫三省要冲,扼长安至洛阳驿道,是进出三秦之锁钥,所以成为汉末以来东入中原和西进关中、西域的必经之地及关防要隘,历来为兵家必争之地,素有"畿内首险""四镇咽喉""百二重关"之誉。

徐霞客走了三十五里地,在西岳庙停宿。西岳庙供奉西岳华山兵神金天王,是道教主流全真派圣地。西汉武帝元光元年(前134年),建集灵宫于黄甫峪口,东汉时迁于现址,后改称西岳庙,为历代帝王祭祀华山之神的要地。

黄河从北方沙漠地带往南奔流,到潼关后转向东流。潼关正好位于狭窄、险要的黄河、华山口,北边俯瞰黄河水,南边和华山相连接,只有潼关这狭窄的通道是横贯东西的大路,由长而高大的城墙封锁着。

如果不走潼关往北去,就必须横渡黄河,往南则必须从武关走,而华山以南,崖壁层叠陡峭,没有路穿越。还没进入潼关时,在百里之外就看见华山突兀高出云上;等入了潼关,华山反而被低冈小山遮蔽了。

徐霞客走了二十里,一抬头,忽然看到一座座美如荷花的华山山峰,原来已经直达华山下。

华山不仅落雁、朝阳、莲花三峰秀美无比,而且聚集、簇拥在东西两边的众峰,也都是刀削层悬的石片。只有北面不时出现的土冈,到此时才完全露出岩石,争相显示最美的景色。

三月初一,徐霞客进庙拜西岳华山之神,登上万寿阁。万寿阁建立于明代,位于西岳庙的最后方,是庙的制高点,为明神宗万历年间(1573—1620年)所建。阁分三层,登楼顶可遥望黄河,故又称望河楼。

徐霞客下了万寿阁,朝华山南面走十五里,进云台观。在十方庵找到向导。从山谷口往里走,两边山崖壁立,一股溪水在山谷中流淌,玉泉院位于溪水左岸。

玉泉院为道教主流全真派圣地,园林建筑,背依华山,四周古木参天,院内有一泉,泉水甘甜清冽。

相传唐朝金仙公主在山上镇岳宫玉井中汲水洗头,不慎将玉簪掉入水中。返回玉泉院后,用泉水洗手时无意中找到了玉簪,方知此泉与玉井相通,于是赐名为玉泉。玉泉院因此得名。

跟着溪流沿山谷行走十里,到莎萝宫,道路开始陡峻。又走十里,到青柯坪,至此恰好为登山路程的一半,也是华山峪道的尽处。这里三面环山,地势平坦,林草茂盛。

走五里,过寥阳桥后,路就断了。攀缘铁链登上千尺㠉,再上到百尺峡。顺着山崖左转,登上老君犁沟,越过猢狲岭。老君犁沟是一边依山一边临深渊的陡峭至极的小路;猢狲岭又叫"猢狲愁",因其险峻异常,连猴子攀缘时都要发愁而得名。

距离青柯坪五里处,有座山峰悬立在北面的深谷中,山峰三面全是绝壁,这就是白云峰。

徐霞客放弃白云峰而往南走,登上苍龙岭。苍龙岭是华山著名险道之一,位于救苦台南、五云峰下,以其苍黑色的外部以及似悬龙般的地势而得名。

距离老君犁沟五里,开始登三峰足。沿着东峰侧边往上走,

到玉女祠谒拜,进入迎阳洞。一个姓李的道士,留徐霞客住下来。于是用剩下的时间攀登东峰,天黑才回到迎阳洞。

第二天,徐霞客从南峰北麓登上峰顶,顺南面山崖悬空坠落而下,观看僻静处。又上山,直登南峰绝顶。顶上有个小洞,道士指名为仰天池,旁边有黑龙潭。

从西面下山,又登上西峰。峰上岩石耸立,有荷叶般的石片覆盖在岩石上。旁边有很深的玉井,井上盖有阁楼,不知为什么这样。返回迎阳洞吃饭。登上东峰,从南面山崖悬空坠落而下,有一座小平台峙立在极陡的壑谷中,这就是棋盘台。

登峰顶后,徐霞客和道士告别,从原路下山,观览白云峰,圣母殿就建在那里。下到莎萝坪,暮色逼人,急忙走出山谷,摸黑行三里,在十方庵住宿。

华山四周都是石壁,所以山脚没有高大奇特的树木;一直上到峰顶,则松柏大多有三人围抱粗;松树全是五针松,松子和莲子一般大,间或遇到没掉落的松果,采下来吃,鲜味、香味都特别好。

初三,徐霞客行十五里,到岳庙。又往西走五里,从华阴县城西门出去,顺小路往西南走二十里,进入泓峪,这是华山西边的第三座山谷。山谷两边的崖壁参天而起,夹谷而立,十分狭窄,溪水在谷中奔流。

徐霞客沿山涧往南行,一会儿转向东,一会儿转向西。岩壁像石片,犬牙交错,道路在石片缝中穿行,转来转去,人如在弯曲的江上行船,要不断调整航向一样。走二十里,在木柸住宿。从岳庙出来,已经走了四十五里。

第二天,徐霞客登泓岭,往北望太华山,高高地耸入天际。往东看到一座山峰,山势高峻得特别出众,当地人说是赛华山。徐霞客才醒悟到西南三十里有少华山,指的就是这座山了。

往南下十里,有条溪水从东南向西北流淌,这是华阳川。溯川流往东走十里,往南攀登秦岭,进入华阴县、洛南县境。一上一下共五里。又走十里,到黄螺铺。顺着溪水往东南下,走三十里,到达杨氏城。

此次华山行程比较匆忙,初五那天就进入了华阴县、洛南县境内。初七那一天,徐霞客开始着手寻找船只,准备走水路,向湖北太和山进发。

顺道拜访湖北武当山

明熹宗天启三年（1623年）三月初七，徐霞客刚刚定好船只，天下起大雨，一整天没停，船不能航行。第二天，船夫因为贩卖盐，很久才起航。大雨之后，溪流水势盛大，如万马奔腾。

初九日，船航行四十里，经过龙关。此时浮云散尽，丽日当空，雾气笼罩的山峰层峦叠嶂，争相秀美。奔腾的水流推动航船，两岸盛开的桃花、李花浓淡相间，沐浴在阳光中，像在翩翩起舞。徐霞客走出船舱到船头坐下，不觉飘飘欲仙。

初十日，船出了蜀西楼，山谷稍稍开阔，不久便驶入南阳府的淅川县境，这里是陕西、河南两省的分界处，距离目的地太和山越来越近了。

太和山即武当山，中国道教圣地，又名谢罗山、参上山、仙室山，古有"太岳""玄岳""大岳"之称。位于湖北丹江口境内。明代，武当山被皇帝封为"大岳""治世玄岳"，被尊为"皇室家庙"。

武当山周边高峰林立，天柱峰海拔一千六百一十二米。武当山山体四周低下，中央呈块状突起，多由古生代千枚岩、板岩和片岩构成，局部有花岗岩。

岩层节理发育，并有沿旧断层线不断上升的迹象，形成许多悬崖峭壁的断层崖地貌。山地两侧多陷落盆地，如房县盆地、郧县盆地等。

徐霞客于三月十一日进入湖北境内，当日即开始攀登仙猿岭。因为郧县、淅川两县边界互相交错，依照山势、溪流曲折划分，所以道路在两县之间穿行。

岭下有玉皇观，龙潭寺。一股溪水滔滔不绝地从西南往东北奔流，大概是郧县中部流过来的。渡过溪水，往南登九里冈，越过冈脊往下走，为蟠桃岭。

徐霞客一行不断地翻山越岭，沿途桃花、李花缤纷，山花盛开在道路两旁，景色异常幽雅、艳丽。山坞之中，居庐相望，溪流两岸的一块块稻田，高低分布得如同鱼鳞一样整齐，和山西、陕西一带的稻田不一样。只是途中所走的小路很狭窄，行人稀少，而且听说有老虎害人。太阳正要落山，于是就在坞中的曹家店住宿。

第二天，徐霞客登上火龙岭。下岭后顺着水流走出峡谷，抵达红粉渡，汉水水势浩瀚地从西边流来，岸边苍壁悬空，清流环绕。沿汉水往东走，到达均州。静乐宫位于州城正中，占据了一半城，规模宏大，建筑庄严。

徐霞客把行李放在南城外，决定第二天早晨登山。十三日，骑马往南急行，石头路平坦宽敞。走三十里，越过一座石桥，桥下的水从西向东流，就是从太和山流入汉水的溪流。

过桥后是迎恩宫，宫门向西。前面有一块书写着"第一山"

三个大字的石碑,是襄阳人大书法家米芾的手笔,书法飞扬灵活。又走十里,经过草店,从襄阳伸来的路,也在这里会合。

道路渐渐朝西走,经过遇真宫,越过两处险要的地方往下走,进入山坞。从这里往西行数里,是去玉虚宫的路,往南向上登岭,则是去紫霄宫的小路。

登岭遥望山顶,呈一片青紫色,插入云天。满山都是高大的树木,夹在道路两旁,密布山上、山下,上山如同在绿幕中穿行。从这里沿山行走,下了又上,一共二十里,经过太子坡。又下到坞中,有座石桥横跨溪水,这是九渡涧的下游。

往上为平台十八盘,就是去紫霄宫、攀登太和山的大路。从左边顺溪水往里走,就是溯九渡涧,到琼台观和八仙罗公院等处的路。攀登了十里陡峻的山路,就到紫霄宫所在地。

紫霄宫,又名"太元紫霄宫",明代宫观建筑,坐落在武当山的主峰天柱峰东北的展旗峰下。面对照壁、三台、五老、蜡烛、落帽、香炉诸峰,右为雷神洞,左为禹迹池、宝珠峰。周围山峦天然形成一把二龙戏珠的宝椅,明永乐皇帝封之为"紫霄福地"。

徐霞客进殿观览,祭拜。从殿右往上攀,直接上到展旗峰的西面。峰附近有太子洞、七星岩,都没有时间光顾。一共走五里,经过南岩的南天门。

徐霞客放弃了南天门往西走,越过岭,到榔仙祠谒拜。榔仙祠和南岩正对而峙,祠前有棵特别高大的榔梅树,一点树皮也没有,光滑地耸立着,没发一丝芽。

旁边有很多榔梅树,梅树和榔树本来是山中的两种树,相传真武帝折梅花寄生在椰树上,形成了椰梅这奇异的树种。椰梅树高高耸立,椰梅花的颜色和桃花、杏花一样深浅,垂丝的花蒂则是海棠花形状。椰梅果非李非杏、非桃非梅,却又似李似杏、似桃似梅,味甘如蜜,是武当山特有的一种水果。

徐霞客经过虎头岩,来到斜桥。陡峰悬崖,屡屡皆是,道路大多沿着峰崖之间的缝隙而上。来到三天门,过朝天宫,都是石阶路曲折地往上伸,两旁有铁柱悬索。

从三天门到二天门,再到一天门,路大多取道山峰间的坳地,陡梯直上。路虽然陡峻,但石阶很整齐,有拦索牵引,不像登华山那样悬空飞越。三座天门,朱墙翠瓦,飞檐彩壁,基座精雕,掩映在翠流彩云之中,屹立于天险之上,奇伟壮丽,蔚为壮观。

接近黄昏时,徐霞客竭尽全力登天柱峰。天柱峰又名金顶,因顶上有金殿而得名。其巅峰拔空峭立,犹如一根宝柱雄屹于众峰之中,有"一柱擎天"之名。

顶上众多的山峰,都如同钟倒置、鼎峙立一般,成行成列地汇聚在一起。天柱峰悬立在正中,独自突出于众峰之上,四周特别险峻。峰顶上有块平地,长宽都只有八尺到一丈。

金殿峙立在平地上,殿中供奉真武帝及其四将,香炉、几案都很齐备,全部用金铸造。朝廷设一个千户、一个提点在此监督,索取香金,这无异于巧取豪夺。

徐霞客匆匆忙忙想进殿叩拜,但殿门已关,于是下到太和宫住宿。十四日,换衣服登金顶。游览叩拜完毕时,天空澄碧晴

朗，俯瞰众峰，近处的好似天鹅引颈屹立，远处的层层排列，实在美妙。

徐霞客沿三天门右边的小路下到峡谷中。这条小路没有石阶，也没有拦索，山峰散乱无序地各自耸立，小路在山峰间穿行，令人倍感幽雅。

走了三里多，来到蜡烛峰右侧，涓涓泉水从小路旁溢出，下去是蜡烛涧。沿涧右岸行三里多，峰随山转，再下就看见平整的山丘中有一块开阔地，是上琼台观。

观旁边有几株榔梅，都有一人围抱那么粗大，满树榔梅花竞相开放，花色映照山冈，使山岩边绚丽灿烂。这地方幽雅到了极点，景物又特别不同寻常。

徐霞客索求榔梅的果实，观中的道士闭口不敢答应。过了一会儿才说："这是禁物。从前有人带出去三四枚，有数名道士因此受株连而家破败。"

徐霞客不相信，索求得更起劲，道士取出几枚送徐霞客，都已变黑腐坏，而且叮嘱不要让人知道。等走到中琼台观时，徐霞客又索要榔梅果实，观主仍然辞谢说没有。

徐霞客非常失望，正想原路返回去南岩，忽然听到后面有人叫他，原来是中琼台观的小道士奉师傅命，让他回去。

回到中琼台观后，观主握着徐霞客的手说："您要的珍贵树种，幸好还有两枚，可以一偿您的心愿，但是您一定要保守秘密呀，泄露出去，我们俩都要遭殃了。"

徐霞客仔细观察，发现这榔梅果实和金橘有些相似，表皮渗出蜂蜜一样的汁液,如金玉打造一般,光看表象便知道这不是一般的东西,于是真诚地表示感谢。

又往上走三里多,直达蜡烛峰山坳中。山峰高低不齐,棱角锋利,人在峰间穿越,影影绰绰,仿佛山峰在晃动。穿越蜡烛峰后,沿着山崖转来转去,接连越过数重山崖。

峰顶上的土、石,处处随地势变换颜色。不一会儿听见道士诵读经文的声音,于是抬头一看,峰顶悬立在遥远的上空,已经出到朝天宫右侧了。仍旧往上走,到达南岩的南天门,赶忙去正殿祭拜。

往右转到正殿背后,高峻的崖石镶嵌在空中,如同长廊悬空、阁道凌空,弯弯曲曲地延伸在山腰,下临无底的深壑,这就是南岩,也叫紫霄岩,是武当山三十六岩中最美的,天柱峰正好屹立在对面。

从南岩返回到正殿左侧,顺着石阶在坞中走,有棵几人围抱粗的松杉,枝叶遮天蔽日,挺拔秀丽。一座平台孤悬而立,向四周眺望高峰,这是飞升台。傍晚回到朝天宫,徐霞客用财物收买小道士,又得到了六枚榔梅。第二天再去索要,却没能要到。

十五日,徐霞客从南天门往左直奔雷公洞。洞在悬崖中间。徐霞客想返回紫霄岩,由太子岩经过不二庵,到达五龙宫。抬轿的人说迂回绕路不方便,不如从南岩下竹笆桥,可以观赏滴水岩、仙侣岩等胜景。

于是,徐霞客从北天门往下走,一条阴森的小路,滴水岩、

仙侣岩两景，都在小路左侧，悬崖向上飞突，泉水滴沥崖中，悬崖中能容下静室，供奉的都是真武帝。

下到竹笆桥，开始听到泉水流淌的声音，但路不顺山涧行。徐霞客只好靠着山走，翻越山岭，一路上多是突起的石头、高高的岩石，杂乱地分布在繁茂的草木丛中，不时有开放的榔梅花，绚丽的色彩映照远近。

经过白云岩、仙龟岩等处，一共走了二十多里，顺石阶一直下到涧底，就是青羊桥。涧水就是竹笆桥水的下游，两岸山崖上草木繁盛、树荫蔽日，长长的清流弯弯曲曲，一座桥横跨在上面，不知道涧水流到什么地方。抬头仰望天空，形状如同瓮口一般。

过了桥，径直登上攒天岭。走五里，抵达五龙宫，宫殿的规模和格式与紫霄宫、南岩相仿。从宫殿背后登山，走一里多，转进山坞，到自然庵。不久，返回五龙宫殿右面，转下坞中，走两里，到达凌虚岩。

凌虚岩背靠重重山峦，面临极深的沟壑，正对桃源洞众山峰，满山嘉树特别茂密，紫色、翠色互相辉映，犹如图画，是著名隐士陈抟修炼的地方。岩前面的传经台可以和飞升台相媲美。

由于徐霞客刚游览完嵩山、华山，不禁将武当山和它们作了一番比较。华山四周都是石壁，所以山脚没有高大奇特的树木，一直上到峰顶，才有了高大的松柏，大多数居然有三人围抱那么粗。

第三章 | 进行远程环游

太和山则是四面群山环抱,百里以内森林茂密,大树遮天蔽日、高耸入云。因为朝廷禁止砍伐,靠近太和山以内数十里,三人围抱的杉树和老柏树绵延满山坡,植被保护得非常好。

嵩山、少室山那里就不行了,缺乏保护,树木被砍伐得所剩无几,除了那三棵将军树,从山脚到绝顶,几乎看不见什么大树。可见,生活在三百多年前的徐霞客就已经具备了现代的环保意识。

徐霞客还发现,由于地势的不同、地理环境的差异,各地的植被以及植物生长状况也不一样。他从嵩山、少室山出来时,才看到田里麦苗青青。到了陕州,杏树刚刚开花,嫩绿的柳枝刚抽条。

进入潼关,大路平坦,高大的杨树随处可见。转到泓峪,却是层层冰封,积雪布满山谷,简直就是春风吹不到的地方。可是到了武当山这里,却已经桃红柳绿,一派春色盎然。

一路上,景色差异若此,他在感叹中国地大之余,也不免喟叹:造物的翻云覆雨手岂是人力可抗的?

从龙驹寨出去,桃红柳绿,所到之处一片春色。徐霞客忽然想起已到清明时节,不由触景生情,惦念家中老母。一路快马加鞭赶往家中,正赶上母亲的八十寿辰。

徐霞客将从武当山带回的榔梅果实送给母亲作贺礼,原来他在山上苦苦索求榔梅果实是为了让老母开开眼界啊!由此可见,徐霞客真是一个非常孝顺的儿子。

徐霞客与母亲感情甚笃,是当地出名的孝子。虽然母亲全

力支持他出游,可是他心中一直牢记着"父母在,不远游"的古训。母亲春秋日高,他心中的歉疚也就越深。

每当徐霞客在出游和奉母之间感到为难时,徐母总是安慰他说:"我身体很好,男子汉大丈夫志在四方,不要老想着我。"

徐霞客每次归来,都以琪花瑶草、碧藕雪桃之类稀奇的东西作为礼物送给母亲,并给母亲讲天地之广大、山川之雄峻、流水之险恶,以及各地风土民情之怪异、物产之丰富,听众无不备感惊奇。

此时的徐母备好茶水点心,坐在儿子身边听得非常愉快,常常感叹,自己一介妇人,虽然不能亲自外出游历,能听闻和见识这么多东西,也算此生无憾了。

徐母的非凡见识成就了儿子徐霞客的奇志伟业,即便是今天,我们也要感叹,徐母真的是一个了不起的女人。

明熹宗天启四年(1624年),由于自己的母亲已经八十高龄,徐霞客打算停止出游,侍奉母亲。为了打消儿子的顾虑,徐母让儿子陪她游荆溪、茅山,以证明自己身体很好,无须挂念。

后来,徐霞客在母亲全力支持和鼓励之下再次远行,游至华山下青柯坪,忽然感觉有异,急忙赶回家,果然,母亲病了。从此,徐霞客衣不解带,侍奉母亲汤药。在母亲病危时,徐霞客向上天祈祷,愿意以身代母。

明思宗崇祯三年(1630年),徐霞客经受了人生最为沉痛的打击,他的母亲王孺人去世了。悲痛的徐霞客暂停出游。

为了纪念母亲,徐霞客请人将家藏元、明两代名家手迹,以及好友为王孺人写的挽联、祭文等镌刻于石上,将石刻嵌砌在晴山堂壁间,石刻内容有对徐霞客祖上功绩的颂扬、对徐母教子有方的赞扬及徐霞客生平事迹的记录等。

后来,徐霞客将这些石刻的内容印了个帖子,流传天下。从中我们可以看到杨维桢、倪瓒、宋濂、祝允明、文徵明、顾鼎臣、董其昌、高攀龙、米万钟、黄道周等一大批明代文坛巨擘的手笔,这就是大名鼎鼎的"晴山堂帖"。这个帖子可以说是一代书法艺术的缩影,备受行家珍视。

从帖中也可以看出,徐家和当时的名士来往密切,这些人中不乏达官贵人甚至位极人臣者。例如,官至礼部尚书兼文渊阁大学士的李东阳曾为徐霞客之祖徐颐六十大寿撰序,后来又为他撰写了墓志铭。

这篇墓志后来丢失了,徐霞客和堂兄徐仲昭百般搜求,才以三亩田的代价购得。由此可见,徐家的家世绝非一般"豪富"可以形容,而是名震一方的诗书簪缨之族。

徐霞客传

再度探访浙江天台山

在徐霞客为母亲守孝期间,又有新的打击接踵而来。明末,宦官魏忠贤得势,把持朝政,大肆迫害所谓的东林党人。徐霞客的恩师缪昌期,好友高攀龙等都遭到追捕。最终高攀龙在被捕时投水自杀身亡,缪昌期则在被捕后惨死狱中。

消息传来,徐霞客痛上加痛,从此以后,他对魏忠贤一伙阉党是深恶痛绝。母亲的去世,恩师与挚友的遭难,使霞客的心灵遭受了极大创伤。但这些都没能影响到他的旅行事业,反而使他更加专情于国家的山水。

崇祯五年(1632年),在守孝期满后,徐霞客便随身携带着好友写给母亲的诗文,重又踏上了征途。他要把对母亲的爱、对朋友的情,随着自己的足迹,印在祖国壮丽的河山之中。

母亲去世了,孩子们也渐渐大了,徐霞客再也不用为尽孝道或因家事而严格约束自己的行期了。他的旅行生活发生了很大变化,不再是严格定线、定点而游,也不再是来去匆匆,而是随意而游,尽兴而游。考察对象也不再是名山大川或个别景点,而是更广阔的大自然,对一般山水的差异也进行细心的观察。

第三章 | 进行远程环游

徐霞客决定再度探访天台和雁荡二山。第一次游历时行程过于仓促,未能对天台、雁荡二山的山势水脉细细考察,尤其是与雁荡山绝顶的湖泊失之交臂,使他一直引以为憾,他想要弥补这个遗憾。

崇祯五年(1632年)三月四日,徐霞客自浙江宁海县骑马向天台山进发,和首次来访的路线基本相同。在天台山最高峰华顶峰观日出,是一件赏心悦目的快事。

上次未能如愿,因此,这次徐霞客借宿于华顶寺,其地距山顶仅三里。他乘着月色独自上山,登上东峰的望海尖,后又至华顶,直至夜深才返回华顶寺。

次日凌晨,徐霞客又披着月色直上华顶,观看了气势壮观的日出景象,衣裳和鞋子全都被露水打湿了。

此后两天,徐霞客经龙王堂、寒风阙、大悲寺,从国清寺下到天台县,然后前往高明寺,探访幽溪附近的名胜圆通洞、松风阁和灵响岩,继而沿着螺溪溯流而上,找到了溪水的源头,即从石笋峰飞出的悬溪,下汇为螺溪潭。

三月二十四日,徐霞客突然改变计划,前往雁荡山,但此次行程没有留下日记,因此很难推测他究竟去过哪些地方。四月十六日,他离开雁荡山向北进发,再次拜访天台山。

这一次,徐霞客首先从赤城山游起,站在赤城山脚下,抬眼望见上面山峦层层叠叠,如丹霞一般,山峰上建有一座佛塔即赤城塔,巍峨耸立于瑞霭翠丛之间。

往山上走约一里,来到中岩。岩上的寺庙经过翻新,已不

像上次来时那么破败。徐霞客因急着看琼台、双阙,无暇再去上岩。过落马桥上桐柏山,桐柏宫就建在平地中央。

桐柏宫原名桐柏观、桐柏崇道观,建立于吴大帝孙权赤乌元年(238年),由孙权遣葛玄开创。此处九峰环抱,碧溪前流,为道教主流全真派南宗祖庭。

桐柏宫的鼎盛时期为唐代和宋代。但此时仅中间大殿尚存,里面有伯夷和叔齐的石雕像。因为年代久远,都是唐朝以前的作品,雕像外表斑痕累累,非常古老。

宫内已无道人住持,附近农民见徐霞客来游览,感到非常新鲜,纷纷跑来询问,可见当时是很荒凉的。徐霞客从他们当中挑选了一位做向导,继续登琼台。

途中经过百丈崖,站在崖上望去,下面就像一个巨坑,三面都是悬崖峭壁,崖右边的溪水从西北方向的山中倾泻而下。崖底部的碧水深不可测,就是著名的百丈龙潭了。

山前还有一峰,像石柱一样耸立,和四周的峭壁一般高,这就是琼台。琼台后面紧靠百丈崖,前面有双阙对峙,层崖外部环绕,景色异常美丽。

徐霞客和随从向导一直向上攀登,走在像刀背一样的沙砾岩石间,脚都没有地方落。从琼台的一端往南攀爬,有一块石头凸起,上面供奉着一尊佛龛,那石头简直就像专门为此修造的一样,因而得名曰"仙人坐"。

琼台的奇妙景象让徐霞客大为惊奇,它附近绝壁高悬,四面环抱着青翠的山峦,双阙也环绕其中。要登琼台必须从涧底处攀上来,别处都上不去。

第二天,徐霞客从坪头潭出发,乘竹筏拐进山中。之后步行翻过两道山岭,又来到了溪边,直到这一次,他才知道,自己曾经数次经过的小溪叫"三茅溪"。

此时忽见前面石峰高耸,南面的是寒岩,东面的是明岩。先南向去寒岩,一路上都是嶙峋怪石,中途忽然发现一个山洞,深不可测。洞前有一块石头颇像兔子,口、耳等俱备。

路右侧是溪水转弯处,中间有一块巨石突出,像是一把张开的雨伞,颇为神奇。等到进入寺庙里,向僧人打听龙须洞灵芝石时,方才知道,刚才看见的那块伞形石头便是。

寒岩在寺院的后面,宽大有余,精细不足。洞的右方逐渐现出了鹊桥。沿着曾经走过的路向前一里,右边就是龙须洞。这里荆棘丛生,异常难走。

仅向上攀爬了一里,就如登天一般,费尽九牛二虎之力。龙须洞内有高高的圆顶,里面比较明亮开阔,洞口斜卧一块石头,有点像雁荡山上的石梁,梁上有个泉眼,名曰"泉中酒"。

看罢,徐霞客仍从原路下山,转向明岩寺,过三茅溪,一直来到北山脚下的护国寺住下。

最后一天,徐霞客游览了桃源。"桃源春晓"是天台山著名的景色,流传着刘晨和阮肇两个青年入山采药遇到仙女的民间故事。不过,徐霞客的兴趣并不在寻找神仙洞府,而是沿着翠壁穹崖夹峙的溪流,追溯它的上源。

上一次游天台,徐霞客来过此地,因无路可走只能从下面

向上望,曾见到群山秀丽,峰峦俊美,令人流连忘返。这次居然在山崖树丛中寻得一条小径,激动得连友人都来不及招呼,自己冒雨拨开荆棘艰难地向上攀去。

徐霞客来到溪水的源头,只见几丈高的瀑布从陡壁上奔泻而下,便从岩壁的丛莽中寻路而上,一直来到瀑布的上游,这才发现峡谷之内复有峡谷,瀑布之上还有瀑布,一直伸延到西北方的山岭之外。

从重重瀑布中出来,徐霞客又乘兴沿着秀溪,经过九里坑,穿行在乱峰森立、一瀑中坠的丛山之间,最后来到五峰围拱中的万年寺。至此,他的天台之行才告结束,已是四月十八日了。

这次重游,徐霞客深入赤城山中的许多岩洞仔细观察,同时探明了山间溪流、瀑布的源头、流向和分合地点。这不仅使他的出游经历更加充实,也给他的"游记"赋予了特殊的科学价值。

第三章 | 进行远程环游

寻找大龙湫的源头

徐霞客的第一次雁荡之行，受惊后匆匆离去，还没有遍览各处景色，特别是没有找到雁湖，留下了深深的遗憾。重游天台期间，他曾经再次游雁荡山，但此次行程没有留下日记。

明思宗崇祯五年（1632年）四月中旬，游过天台，徐霞客和堂兄徐仲昭前往苏州看望老友陈函辉。老友多年未见，晚上促膝长谈。当提及游览雁荡山见闻时，陈函辉问他："你可曾登临雁荡山的绝顶呢？"

这一句话激起了徐霞客的斗志，他当即决定要再攀雁荡山。四月二十八日，徐霞客和徐仲昭一起去雁荡山作第三次游历，这次他们有备而来，途中雇了马匹。

五月初一这天，二人决定攀登天聪洞。从天聪洞中向东望去，有两个圆洞，向北望去，有一个长洞，都是透亮通明。这又激发了徐霞客的游兴，想过去一探究竟，又苦于这几个洞壁陡峭直立，与天聪洞之间相隔甚远，无法通过。

徐霞客毫不灰心，不辞辛苦地下到灵岩寺，扛起寺中的梯子，一路上率领仆从披荆斩棘，越过一道山坞，走到圆洞下面，搭起梯子往上登。

117

徐霞客传

梯子够不着,就砍来木头横嵌在石缝之间,踩着木头往上登。木头还是够不着,又用绳索把梯子吊上来,悬挂在石缝中的树上,继续往上爬。

爬完梯子就用木头接,踩完木头又用梯子接,梯子、木头都不济事时,就把绳索拴到树上,拉着往上攀登,如此艰难,方才进入圆洞。之后,他又用同样的方法进入长洞。两个山洞都游览过后,才心满意足地下山。

从这一段探洞的旅程可以想见,徐霞客的登山条件有多么艰苦。在当时的技术条件下,他几乎是徒手登山,以生命为代价来征服自然,不禁让人对他的执着精神肃然起敬。

之后几天,徐霞客一行又重游了小龙湫,游览了昙花庵,观察到燕尾泉就是从大龙湫流来的溪水,因分成二股坠落石间,所以取名燕尾,因此,他探究大龙湫源头的兴趣也更加强烈了。

初三这一天,徐霞客向雁湖顶进发。他注意到:雁湖往南分流下坠的水,有的从石门寺流出,有的从凌云寺的梅雨潭流出,有的流到宝冠寺成了飞瀑;往北分流下坠的水,成了雁荡山北面众多溪流的源头。

这几处的水源是找到了,但是,徐霞客发现,它们都和大龙湫的水风马牛不相及,那么,一直以来困惑他的最大难题又浮现出来:大龙湫的水源到底是哪里呢?

五月初四日一大清早,徐霞客就踏上搜寻大龙湫源头之旅。这一次,他追本溯源,顺着大龙湫瀑布一路往上走。向东

第三章｜进行远程环游

越过华岩走了两里,接着从连云嶂的左侧、道松洞的右侧,踏着石阶往西上,又走了三里,此时俯瞰山下,发现剪刀峰已在脚下。

之后又走一里,山峦回环,一条溪流赫然出现在眼前,原来这条溪流才是龙湫的上游啊!渡过溪水,经过白云、云外两座茅庐,又往北进入云静庵,在庵中吃了午饭。

饭后,各山峰上的云气突然消散,同去的仲昭留在静云庵中休息,徐霞客和僧人卧云一同直上东峰。走了二里地后,渐渐听到大龙湫从卷崖中飞泻下来的水声。

原来大龙湫的水是从雁荡山绝顶南面、常云峰的北面流出,两峰之间的山坞就是它的发源地,根本不是原先所传的雁湖。悬于心中几十年的谜团终于解开,徐霞客自然十分高兴。

探知了大龙湫的源头后,徐霞客游兴不减。这一次,他想趁机攀登溪左黄崖上的洞穴。可是洞口在崖壁中间,因为条件所限,只能放弃。没想到,向东经过铁板嶂往下走时,他们看见其中的石缝更大,下面像有洞中之水汇成的溪流。

徐霞客急忙沿水流往里走,来到洞穴下,只见乱石堵塞,而崖壁左边有一条路可以直上洞口,崖壁间有凿出来的石坎,并且有垂下来的藤条可以攀拉。

见有路可走,徐霞客立即奋勇攀登。其间,衣服碍事就脱掉衣服,手杖碍事就扔掉手杖。攀上一道崖,又横过一道崖,像这样反复几次,又经过木头架设的几处栈桥,才进入石缝中。

徐霞客传

石壁两侧相对峙立的岩石就像门户一样,但里面宽敞广阔。石壁尽处,日光透入洞中,洞底阳光透亮的地方设有木梯,徐霞客身形矫健,像猿猴一样爬了上去。

余下的几天,徐霞客与灵岩寺的僧人一起游览了屏霞嶂,探访了小龙湫瀑布的源头,彻底游遍雁荡山北部的所有风景名胜。至此,雁荡山之行已经不留任何遗憾了。

第三章 | 进行远程环游

专程拜访山西五台山

明思宗崇祯二年（1629年），徐霞客曾北上，游北京、天津一带，可惜没有留下日记，难以了解他旅行的详情。崇祯六年（1633年）七月初，徐霞客第四次，也是最后一次来到北方，目的地是山西的五台山和恒山。

这一次，徐霞客从家乡江阴出发，取道北京，然后西行，抵达河北省阜平县，越过太行山，翻过长城岭和龙泉上关，入山西省五台县，游览五台山。

五台山属太行山系的北端，跨忻州市五台县、繁峙县、代县、原平市、定襄县，周五百余里。由一系列大山和群峰组成。其中五座高峰峰顶平坦如台，故名五台。又因山上气候多寒，盛夏仍不见炎暑，故又别称清凉山。

五台山由古老结晶岩构成，北部切割深峻，五峰耸立，峰顶平坦如台：东台望海峰，西台挂月峰，南台锦绣峰，北台叶斗峰，中台翠岩峰。五峰之外称台外，五峰之内称台内。

五台山地质古老，地貌奇特，具有高亢夷平的古夷平面、十分发育的冰川地貌、独特的高山草甸景观，更有第四纪冰川及巨大剥蚀力量造成的"龙磐石""冻胀丘"等冰缘地貌的奇观。

五台山是佛教圣地,千百年来,一直被看作文殊菩萨的道场,以其悠久的佛教文化历史,位于四大佛山之首。

七月二十八日,徐霞客从北京出发。到八月初四日,来到阜平县南关。山从唐县伸来,延伸到唐河开始密集,到黄葵又渐渐敞开,山势不太高大,从阜平县往西南走过石桥,西北众多的山峰又高低起伏地耸起来。

徐霞客沿着溪流左岸往北行八里,有条小溪从西边流来注入,于是离开大溪,溯西边的小溪往北转,山谷渐渐狭窄。又走了七里,在太子铺吃饭。

往北行十五里,忽然听到溪流声。回头看右边的山崖,数十仞高的石壁,中间的坳像削瓜一样地直直下去。崖上面也有坳,是瀑布所流经的地方,但因为天旱没有水。

离涧底二三尺,泉水从坳间的小孔中泛滥而出,往下汇成溪流。再往上走,越过鞍子岭。在岭上眺望四周,北面的山坞比较开阔,东北、西北,高峰对峙,山峰都像直插云天的仙人巨掌。

岭下有股从西南流来的溪水。徐霞客开始顺着溪水往北走,刚才所看到东北边的高峰,越看越突出,趋之越近,那高峻陡峭的形态,像远远地追随人而来似的。

第二天,进入龙泉关,往东出关。往北行十里,道路渐渐向上延伸,山峰渐渐奇异,泉水声渐渐消失。不久,陡峭的道路断绝,路两边的山崖峰高壁峭,山中的树木和岩石争奇斗艳,交错如锦绣,让人顿时忘却了登山的烦劳。

在这样的美景中走了五里,崖石狭窄处还设有两道石关。

又直直往上走了五里,登上长城岭绝顶。回头眺望远处的山峰,最高的也低伏在脚下,两旁近处的山峰簇拥而来,只有南部山中有一线缝隙,从缝隙中放眼看可达百里。

长城岭上,有一座高楼雄壮地耸立着,是龙泉上关。关内有一棵古松,树干高耸、枝叶茂盛,秀美出众。

龙泉上关西面,就是山西省五台县境。往北在坞中走二十里,经过白头庵村,距离南台只有二十里了。不过,环视山谷四周,还看不出五台山的形貌。又往西北走两里,道路左侧为白云寺。从寺前往南转,来到千佛洞,这是登五台山的小路。

初六日,狂风怒号,滴水成冰。风停日出,太阳像火球一样从青翠的山林中喷薄而出。徐霞客沿着山腰往西南行,翻越山岭,才看到南台就在前面。

再上去是灯寺,从这里开始,山路渐渐陡峻起来。登上南台绝顶,顶上有文殊菩萨的舍利塔。北面,其他各台环抱耸列,只有东南、西南稍微有空隙处。

正南面,古南台位于下面,远处的群山如屏障般地峙立着,并且东端还和龙泉关高峻的峰峦山势连接。顺着南台右侧的道路下去,地势很平坦,可以骑马。

沿着西岭往西北行十五里,名金阁岭,环境幽雅,雄姿壮观。沿着金阁岭左侧往西北下,行五里,来到清凉寺。寺内因有著名的文殊圣迹"清凉石"而得名。

清凉寺建于隋文帝开皇元年(581年),曾名真寂寺、崇福寺、化度寺等。金世宗大定二年(1162年),法演法师扩建,敕封

为清凉寺。清凉寺庙宇深幽,环境秀丽,高低错落,美如图画。

寺内有一块灵芝形的石头,长宽都是九步,可以站四百个人,上面平整但下面收缩,和下面石头相连的部分不多,这就是清凉石,石面青色,有云纹,人坐其上,顿生凉意。

相传这块石头原来是东海龙宫的"歇龙石",被文殊菩萨借来后,成为法力无边的"清凉石",也是文殊菩萨讲经的"曼殊床"。

从西北边穿越栈道沿着石阶往上走十二里到达跑马泉。跑马泉在路边的山窝中间,石缝只能容下半只马蹄,泉水从石缝中溢出,山窝则平坦宽敞,可以建盖寺庙,但跑马寺反而建在泉旁边一里之外。又平缓地下了八里,在狮子庵住宿。

第二天,往西北行十里,过化度桥。一座山峰从中台延伸下来,山峰两边流着徐徐的泉水,景色幽静到了极点。又越过山峰右涧上的桥,沿着山峰往西而上,山路倾斜不平。

又走十里,登上西台顶。西台又名挂月峰,可惜徐霞客是在白天登台,"挂月"之景无缘得见。阳光辉映下的群峰,一一地呈现出美好的姿态和奇异的风貌。

西台西面,近处是闭魔岩,远处是雁门关,座座山峰都历历在目,仿佛可以俯身拿取。闭魔岩在四十里外,山上全是盘旋横贯的陡崖,层层叠叠地堆砌上去,成为这山中的奇特之处。

寺北面,左边是维摩阁,阁下面耸立着两块石头,阁就盖在石头上,阁柱的长短,随石头高低而参差不齐,有的地方完全不用柱子。正中是万佛阁,佛像都是檀香木的,色彩金碧辉煌,层层排列而互相映衬,不止一万尊。

这两个阁的建筑,不用支柱,完全凌驾于石上,而万佛阁竟完全外悬于岩壁的空中。阁前面有二重阁,上下三层,环抱周围的楼阁也有三层,之间架有复道长廊,从空中可以上下来往相通。万佛阁不仅建筑精巧,阁内还有数以万计的佛像,金碧辉煌,十分壮观。徐霞客很好奇,这样的建筑是怎么建造的?

顺着寺往东北走五里,来到大路上,又走十里,到达中台。中台又名翠岩峰。这一天,天气晴朗,群山的景象历历在目。徐霞客发现中台顶上的乱石数以万计,像断碑残碣一样布满地面。这种地形是地理学上称为"石海"的冰缘地貌。

徐霞客遥望东台、南台,都在五六十里以外,但南台之外的龙泉关,反而像离得更近,因为西台、北台,都和龙泉关的山脉相连。这时风清日丽,两边的山像眉毛分开而列。

从中台往北直直下了四里,阴森的崖壁上悬挂着几百丈冰,名"万年冰"。刚刚寒冷还没几天,五台山中的冰雪竟已有如此种种形态,徐霞客颇为惊奇。

徐霞客又往北登上澡浴池,在北台住宿。北台比其他各台都陡峻。徐霞客趁着日光,到寺外眺望四周。等进到寺中,太阳已经落山,开始刮起大风。

第二天,庙里一位和尚告诉徐霞客,北台的正东稍北,有一座青色的巍峨山脉,那便是恒山了。如果要去那里,不如从北台朝北而下,可以少走四十里的路。徐霞客采纳了老和尚的建议,由北台下山,踏上了去北岳恒山的旅途。

抄近道赶赴北岳恒山

明思宗崇祯六年(1633年)八月,徐霞客离开五台山赶赴恒山,开始了他的圆梦之旅。渡过滹沱河的上游沙河后,就来到了恒山主峰天峰岭的所在地——山西浑源县境内。

在登恒山之前,徐霞客先登箭竿岭。登箭竿岭时,他意外地发现,岭的南北景色迥异。时已近秋,岭南已是光秃荒芜,而岭北还是一片翠色。

从箭竿岭下来,沿着山涧继续北行,在抵达龙峪口时发现,眼前已是连绵不断的群山。塞外的浑源龙峪口,山谷幽长,峰壁连绵,树石掩映,红绿相间,风光醉人。霞客穿行其中,毫无倦意,不知不觉来到恒山的前麓。

恒山,亦名"太恒山",古称玄武山、崞山、高是山、玄岳,是天下道教主流全真派圣地。其中,倒马关、紫荆关、平型关、雁门关、宁武关虎踞为险,是塞外高原通向冀中平原之咽喉要冲。

恒山山脉起源于阴山,发脉于管涔山,止于太行山,沿东北走向蜿蜒而来,奔腾起伏,横亘塞上,东西绵延五百里,锦绣一百零八峰。浑水从南向北,像把巨大的斧子,把恒山劈为两半。东叫天峰岭,西叫翠屏山,中间为深峡,浑水从此滚滚北去。

第三章 | 进行远程环游

徐霞客疾步走近气势宏伟的恒山,只见前方两座山崖对峙,一条涧水从中流出。于是他顺着山涧旁的小路继续前行,通路狭窄蜿蜒,难觅去向,其山势也是曲折上下。

深峡两侧崖壁垂直耸立,沉积岩层层清晰可见,杂以红、黄两色,看着仿佛要压下来一般。他到过洛阳龙门的伊阙,游过武夷山的九曲,但觉得根本无法和这个奇险幽深的深峡相比。

这两座山崖便是恒山的两座最高峰——天峰岭与翠屏峰。恒山主峰天峰岭号称"人天北柱""绝塞名山",叠嶂拔峙,气势雄伟,被誉为北国万山之宗主。

天峰岭与翠屏峰两峰对望,断崖绿带,层次分明,形成天然门阙,称为金龙峡口。峡口两侧奇峰插天,两山之间一水若带,美如画卷。

越往前走,峡谷越窄,崖壁越高。徐霞客抬头向上看,北魏开始建造的悬空寺嵌在西边高崖中间的绝壁上,层层向上排列,红窗碧瓦,十分壮观。

悬空寺原来叫"玄空阁","玄"取自中国传统道教教理,"空"则来源于佛教的教理。后来之所以改名为"悬空寺",是因为整座寺院就像悬挂在悬崖之上,在汉语中,"悬"与"玄"同音,因此得名。

悬空寺利用力学原理,在陡崖上凿洞半插飞梁为基,巧借岩石暗托,梁柱上下一体,廊栏左右相连,曲折出奇,虚实相生。全寺为木质框架式结构,楼阁间以栈道相通,背倚陡峭的绝壁,下临深谷。寺不大,但巧夺天工,也颇为壮观。

殿楼的分布都对称中有变化，分散中有联络，曲折回环，虚实相生，小巧玲珑，空间丰富，层次多变，小中见大，不觉为弹丸之地，布局紧凑，错落相依。

悬空寺不仅外貌奇特、壮观，建筑构造也颇具特色，形式丰富多彩，屋檐有单檐、重檐、三层檐，结构有抬梁结构、平顶结构、斗拱结构，屋顶有正脊、垂脊、戗脊。

总体外观，巧构宏制，重重叠叠，造成一种窟中有楼，楼中有穴，半壁楼殿半壁窟，窟连殿，殿连楼的独特风格，它既融合了中国园林建筑艺术，又不失中国传统建筑的格局。

徐霞客为这奇妙的建筑所震撼，他在悬空寺内坐了一会儿，寺内窗明榻暖，置身其中，完全忘记自己被悬于悬崖之上这件事儿。游完悬空寺，徐霞客下山在当地人家中住宿，为第二天登顶做准备。

八月十一日这天，天空无云，风也停了，澄碧的天像水洗过一样。徐霞客拄着拐杖开始攀登恒山，向东走，一路尽是低矮的土山，没有爬山的辛劳。

走了一里，转向北再走，所见之山都是煤炭，不需要深挖就可得到。又走了一里，山上的土、石都呈红色。有盘曲的松树并列路旁，有一座亭叫望仙亭。

又走了三里，山崖渐渐高起来，阳光透过松树像过筛一样投下阴影，这里名叫虎风口。从此石路萦绕盘旋，开始顺着山崖、借着峭壁向上攀登。

攀了三里，有一座高大的牌坊刻着"朔方第一山"，里面有

第三章 | 进行远程环游

一间官房,有厨房,有水井。从牌坊的右边向东顺着石阶而上,崖的半腰是寝宫,寝宫的北边是飞石窟,再向上就是北岳殿了。

北岳殿上面是绝壁,下面挨着官房,殿下很高的台阶插向云天,廊屋上下,高大的石碑密集地竖着。从殿的右面上去,有石窟,靠着北岳殿构成一间屋子,叫会仙台。

台中塑着群仙,四周排列紧密,没有空隙。徐霞客这时想着从高崖攀缘登上绝顶。转过北岳殿东,望见高崖裂开的地方,中间悬垂千尺草莽,是登顶的小路。

行了两里,出了高崖,抬头远看山顶,还突出地悬在半空里。然而满山荆棘茂密,参差的树枝和枯竹,不停地钩刺衣服,抓住攀踏却立即折断。徐霞客不断地努力,却好像坠入洪流中,没在水里不能出来。

徐霞客鼓足勇气攀登,许久才钻出荆棘,登上峰顶。这时阳光明亮绚丽,向下看山的北面,山崖崩裂的石块纷纷坠落,各种树浓荫遮蔽。这山的土山没有树,而石山才有树。北边的山坡都是石山,所以树都长在北边。

浑源州城也在山麓。向北看,隔着一重山,苍茫看不到边际。南边是龙泉山,西边是五台山,一片青葱,和恒山为伴。近处是向西延伸的龙山,龙山的东边是它的支峰,好像肩并肩、袖接袖地阻挡着沙漠。

过了一会儿,从峰西下山,寻找先前进入山峡的高崖,俯身看一片茫茫,不敢下。忽然回头向东看,见有一个人在上面飘摇,赶紧又上到那里问那个人,他指着东南松柏之间说,朝着那

个方向走,就是上山时所见到的寝宫后面的高崖顶。

走了不一会儿,果然有一条路。经过松柏林,先前从山顶望松柏是一片葱青,好像是蒜叶草茎,到了这里一看却是合抱的参天大树,比虎风口的松柏多不止百倍啊。

从山崖隙缝直下,恰好到寝宫的右边,就是飞石窟了,回头看看之前上山经过的山隘,不过隔了一片山崖而已。又往下走五里,从悬空寺危崖那里出去。再走了十五里,到了浑源县城的西关外。

徐霞客边走边细心观察山脉的排列、山势的变化,不知不觉就在恒山待了几天。恒山地处高寒,地理位置又十分特殊。故而,徐霞客非常关注这里的植被。另外,他还细心地发现了恒山多煤炭的特色。

短短几天,他靠脚走、靠目测,就把几百里之内的重山叠岭的排列、走向情况摸得一清二楚,而且在日记中记录得仔仔细细。

就算今天有人想像他那样,几天时间要把这么远这么多的山岭目测清楚,那也是不可能的。难怪大家读过他的日记后,都会惊叹他卓越的目测能力。

北游五台山、恒山,是徐霞客走访中原的最后一站。以后整整三年,他一直留在家中,未曾外出。其实,这三年的家居生涯,只是他前一阶段搜奇览胜后的休整,更大的游历计划正在酝酿中。

第四章 开始西南万里行

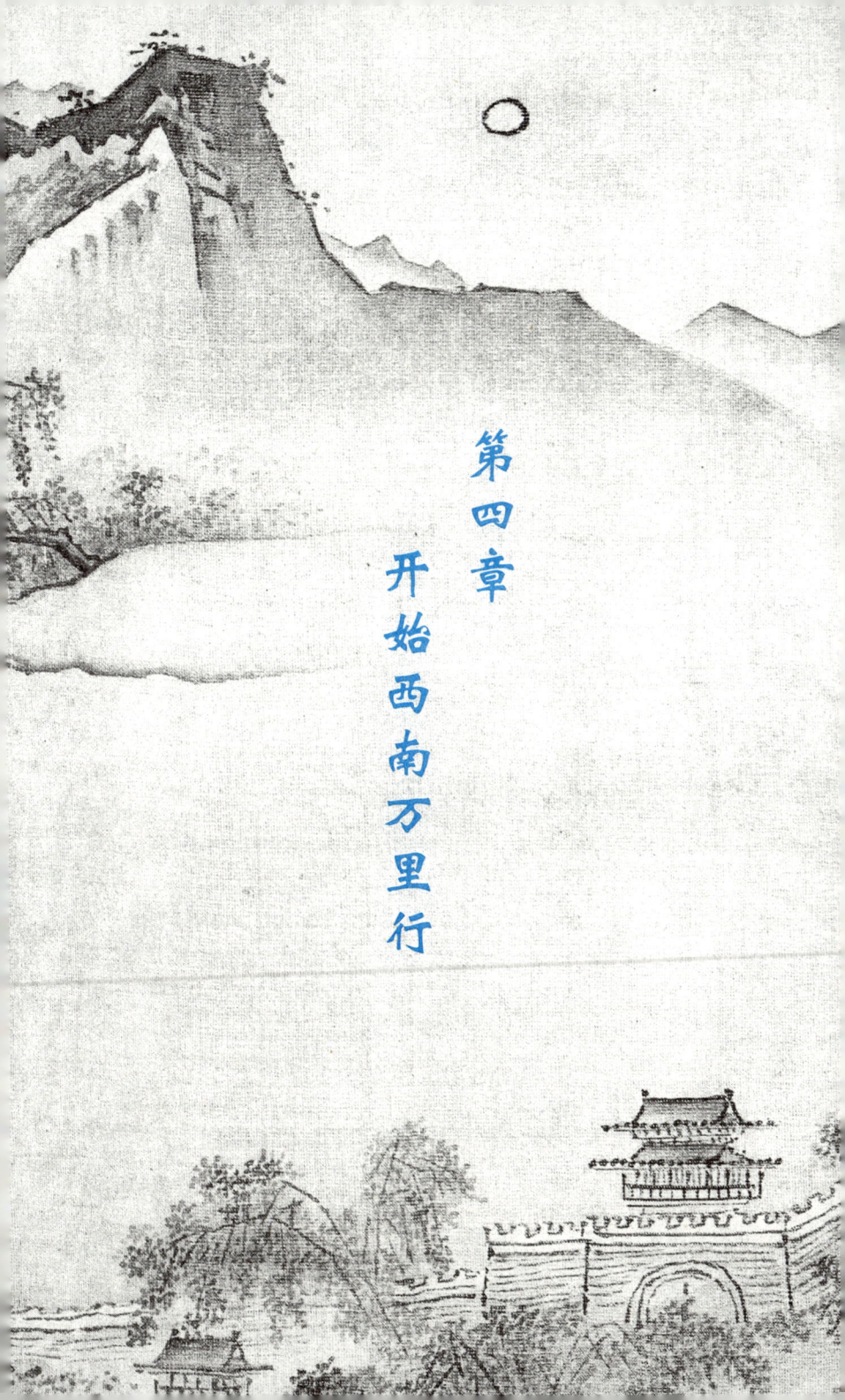

第四章 | 开始西南万里行

开始艰苦的万里西游

徐霞客曾经对老朋友陈函辉说,以前的人写舆地方志,都是承袭前人的成果,没有实地考察,而且所写对象也局限于中原,边疆地区就很少有提及。

徐霞客想去昆仑山以外的地方游览一番,尤其是云南、贵州地区。这两个地方,在当时还没有得到很好的开发,被世人称为"畏途",即凶险的旅途,一般人都谈之色变。

而且,此时的徐霞客已经不年轻了,身体条件也不允许他进行长途跋涉。因此,亲朋好友纷纷劝阻,就连一向支持他的陈函辉也劝他三思而后行。

但徐霞客决心进行一次西南万里游。要进行如此长游,在当时得有数年的打算才行。长期以来,家有老小,俗务缠身,显然不便成行。如今,长子和次子都已长大成人,能操持家务,应该是远行的时候了。

徐霞客同妻子商量起此事,妻子罗氏不依,虽说大儿子已长大,却还没有结婚成家。那时的儿女婚嫁,都得由父母操办。于是,徐霞客又忙着先后为两个儿子完婚。

办完了这两件事,徐霞客已到了知天命之年(指五十岁)。

尽管下面还有小儿子未成年,但他已深感老病将至,决心放舟南行。

为了得到更多的支持,他专门拜访了忘年好友陈继儒(号眉公)。年长霞客二十九岁的陈继儒,是泰州学派的著名学者,明朝著名的文学家、博物学家、古董鉴赏家、画家,在画坛上甚至与当时独步天下的董其昌齐名,并称陈、董。

史料记载,他的名气很大,蜚声朝野,商人妇孺无不知晓他的名号,连街市里巷都有人议论他的事迹。徐霞客因敬慕其人,托朋友引荐拜访,不料初次见面便成了忘年之交,霞客尊称其为"眉公"。

而陈继儒也逢人就讲徐霞客的旅行事迹,是徐霞客最热心的宣传者和支持者。此后,徐霞客多次赴松江造访眉公,两个人的关系也越来越好。

此次万里远征,前途充满凶险,徐霞客自然忘不了这位忘年好友,这位一直相助自己的贵人。

此时,陈继儒已经是八十一岁高龄,见有人来误以为是俗客,急忙躲避,得知是霞客来访,连忙出来迎接,二人挽手入林,饮至深夜。

得知徐霞客要开始"万里西游",他主动写信给泰州学派的同仁,如云南学者唐泰、鸡足山僧人弘辩、安仁以及丽江土司木增等人,让徐霞客随身携带自己的亲笔信,请他们为徐霞客提供方便。后来,正是这些朋友,为徐霞客西南之行提供了最重要的帮助。

第四章 开始西南万里行

徐霞客在湘江遇盗时,随身书信全部遭毁,他以为这损失已无法挽回。在前往云南鸡足山途中,路经晋宁时已囊空如洗,正一筹莫展,有人来迎候他了,来人是唐泰朋友的朋友周恭先。徐霞客之前从未听说此人。

原来,虑事周到的陈继儒另外通过驿邮,寄了一封同样内容的书信给唐泰,周恭先正是代替唐泰在此处迎候徐霞客的。解释清楚后,徐霞客顿时被眉公的深情厚谊感动得不知如何是好。

唐泰尽管不富裕,但不负眉公之托,慷慨解囊接济了徐霞客,帮其度过了湘江遇盗后最拮据的时光。徐霞客在日记中记述这件事时,感激之情溢于言表,他这才知道眉公对朋友照顾之周到,非一般世人的友谊可以企及。后来,唐泰因志趣相投与徐霞客结为知交,在西南之行途中给了他很多的帮助。

当徐霞客抵达鸡足山时,弘辩、安仁和尚已经等候多时,丽江的土司木增也派专人等候在那里,邀请他去土司府,因为他们也都收到了陈眉公寄出的另一份书信。

因为陈继儒的帮忙,徐霞客在云南与多人结下深厚友谊。徐霞客在后期旅行途中遭受了很多厄运,如果没有这些人的帮助,估计连回到老家都非常困难。陈眉公的情谊实在无法用金钱来衡量。

此外,徐霞客还有一些朋友是当时著名的地理学家,如《天下名山记游》等书的作者王思任,写过《蜀中广记》《蜀中名胜志》的曹学佺,以及参与编写《皇明职方图》的陈回函等。

这些人的阅历和学识都为徐霞客的游历提供了很大的帮助。

明思宗崇祯九年（1636年）九月，徐霞客即将启程赴西南时，江阴迎福寺的僧人静闻，久仰云南鸡足山的大名，曾刺血写了一部法华经，发愿供之于鸡足山。听说霞客作西南游，便要求同行。

在一个秋高月明之夜，徐霞客和静闻，仆人顾行、王二经无锡、昆山入浙江，开始了他人生中最后的也是最艰苦的"万里征程"。他们计划穿越浙江、江西、湖南而进入西南地区。

当时正值明末，内地农民起义烽火四起，边关满蒙大军步步进逼，明王朝疲于应付，陷于瘫痪。各地地痞流氓则趁机作乱，合伙成群打家劫舍，拦路行凶，使社会动荡不安。

在这种情况下，身为布衣的霞客和一个和尚要进行跨数省的远游，困难可想而知。进入浙江不久，麻烦事便开始来了。

一天早起，姓王的仆人忽然不见了，后来有人告诉他是坐回头船走了，大概是经过一路辛劳，感觉前途叵测，便逃回家去了，这使得徐霞客不得不沿途临时雇挑夫挑行李。

十月十日，当霞客一行乘船到兰溪县时，又被官差拦住去路。据说是清兵已打进了喜峰口，占领了昌平，朝廷急征各地援兵北上，从扬州来的勤王师要经过此地，上边命令所有民船停在这里，随时听候调用。

徐霞客同静闻只好弃船登岸，住进了旅店。好在附近的金华县有三个很有名的岩洞，即朝真洞、冰壶洞和双龙洞，徐霞客以前尚未游过，便趁这个机会去游览了一番，还游览了附近其

第四章 开始西南万里行

他几个洞。

在兰溪逗留了数日后,他们走水路经衡州径直入江西境。这是霞客第三次进入江西,前两次都是匆匆而过,除了庐山外,其余山水都未曾一睹真容,这一回他决定要一路好好领略一番。

十月十七日,徐霞客进入江西玉山县,往西经过广信府及铅山。铅山下有个叫旁罗的村庄,村南是一座陡峭的山峰,叫鹅峰,是为闽、赣两省交界的分水岭。

二十年前徐霞客去福建武夷山游览,正是取道于此,如今故地重游,不由得感慨时光飞逝,真恨不能"秉烛夜游",否则如何在余下有限的人生里,完成游遍天下的宏愿?

徐霞客闻奇必探,见险必历。他们沿武夷山西侧南下,日行夜宿,穿行于峰峦之间。十月二十四日,他们来到贵溪,店主介绍说,西面的马祖岩风景很美,可以先游马祖岩,然后东游仙岩和龙虎山。

徐霞客觉得很好,便让静闻跟行李东南行,到龙虎山上清宫等候,自己则带顾行轻装向马祖岩进发。马祖岩位于江西赣州贡水东岸,因唐代高僧马祖道一曾驻锡于此而得名。

宋代,马祖岩就已成为赣州著名的游览胜地了,特别是在每年的九九重阳节,来马祖岩登高的游客可谓络绎不绝。苏轼、文天祥都云游过此处,并赋有诗赞。

那天,徐霞客他们一出门,天就下起小雨,后来小雨又变成大雨,雨伞和斗笠也不管什么用,很快便被淋了个浑身透湿。走饿了,便在岩间剥开所带的橘子作午餐,吃了又接着赶路。

137

徐霞客传

大雨中,他们见南岸上有房屋掩映在竹林间,便急忙攀登而上,进僧舍一打听,方知走错了。徐霞客想在舍中避避雨,烘烘衣服,可这里的僧人脸色很难看,他们只好在大雨中下山了。

转而北入一山峡,见峡门巨石磊落,深树古藤,很有情趣。可是,当霞客兴致勃勃地登至岩上,展现在眼前的却令人失望,到处是狗窝猪栏,牛棚马栈,污秽填塞,臭不可闻。

唯一能让人容身的两排僧房,也是面墙环堵,黑暗如狱。徐霞客心里咯噔一下,大有吃美食时吞进一苍蝇般的难受。更让人气恼的是,这里的僧人心地也非常肮脏。

徐霞客他们来到此处,已是黄昏。这时他们又冷又饿,便只好借宿。然而,南房的僧人以正在念经作法为由,拒客不纳。北房也效法南房,将霞客拒之门外。

徐霞客在外徘徊良久,寒冷异常,只好不管僧人的态度,在石龛中休息。

徐霞客让顾行拿米去做饭,僧人又推说没柴薪。当看到他们的米好时,又提出以碎米换好米,结果煮出来的粥竟见不到一粒米。第二天早上,僧人又同样拿碎米换走了好米。徐霞客勉强吃了点糊糊,便气愤地下山去了。

徐霞客云游四海,大多居住在寺院道观,却从没见到过如此肮脏的去处,从没遇见过如此可恶的出家人。不过,爱山成癖的霞客并没有因此而扫了游兴,仍然是很痛快地游览了仙岩、龙虎山诸景。

在上清宫与静闻会合后,徐霞客他们继续前行,一路游历了金溪、南城、新城、南丰、乐安、永丰、吉水等地的名胜。值得一提的是,徐霞客从南峰返回建昌的途中,路过一个叫歪排的地方,他注意到这里的溪水被污染了。

原来,上游的峡谷中居住着一些以造纸为业的居民,排放的大量渣滓漂浮在溪流中,使溪水变得十分污浊。对此事的关注,体现了徐霞客一贯的环保意识。

从建昌继续西行,路过乐安境内的中华山,过三里是馒头山。山边小溪上有一座天生桥。走过之后,徐霞客才发现,这座小桥不是人工建造的,而是流水侵蚀岩层的结果。

离桥不远处,还有形态怪异的石头,上面尖如石笋,下面细如草茎。徐霞客推断,这大概是天然风化的结果。如此准确的科学推断,也是徐霞客多年来不断游历积累的结果。

另外,徐霞客慕江西省人物之胜,沿途遍访名人故居及遗踪。他在宜黄的玉泉山东北,拜谒了明代抗倭名将谭纶的墓;在吉水,拜访了名臣张宗琏的后裔。

这一年的十二月十二日,徐霞客告别江西省吉水县,乘船溯赣江而上,向白鹭洲进发。

当船到梅林渡,忽然迎面来了一条船,船上三十来个汉子形似虎狼,冲上他们的船就掀船篷,殴打船家,然后对众乘客叫嚷道:"我们是押解官银的,船出了毛病,要换这船上省城。把你们的行李统统搬到我们船上去,谁敢违抗,就如这船家!"

徐霞客见他们搬上来的都是铺盖之类的破烂货,根本没有银箱,知道是遇上强盗了,就壮着胆子说:"这里离吉安府很近,

到那里换船也不迟呀,何不同我们一道去吉安。"众乘客一致赞同。

强盗们一计不成,便强行掉转了客船船头,企图顺流挟带而去。徐霞客带着乘客们呼喊追赶,强盗们见势不妙,便弃客船而去了。

自上路以来,徐霞客多次听到有关强盗打劫的事。一次在江西上饶时,强盗就是赶在他们前面抢劫了路人,不过也都只是风闻而已,这次算是亲历了,好在凭着他的机智和勇敢,化险为夷,船家和乘客都非常感激他。

好容易到了吉安府,才想起来,一路上由于受了惊吓,忘了游览白鹭洲的事儿,等想起来时已经过了。徐霞客慕白鹭洲书院之名很久,只好返回。

白鹭洲书院是明朝东林党人的聚集地,一度被捣毁。直到魏忠贤倒台,才恢复旧观。由于徐霞客与东林党人交好,因此在白鹭洲有很多志同道合的朋友。他在吉安逗留了很长一段时间才走。

徐霞客的江西之行,可谓历经坎坷,而且身体也出了问题,先是突发脓疮,之后情形越来越严重,竟然到了行动不便的程度;后又因长时间起早行路,加之当地气候潮湿,得了膝盖肿痛的毛病,登山很不方便。

即便如此,徐霞客也毫不介怀,前行的脚步从未停歇过,也绝不会因为身体的病痛就错过哪一处风景名胜。这一年的除夕夜,他依然在山间小路上蹩躞独行。

第四章 | 开始西南万里行

春节期间游览武功山

明思宗崇祯十年(1637年)春节期间,徐霞客抵达江西永新县城。这时正是除夕,家家户户张灯结彩,酒席飘香,可苦了在外的旅人了。因为中国的年节是以团圆为主题,在外做生意的、当差人都要回家去同亲人团聚,因而向来是家内热闹,家外冷清。

尤其是除夕,各种店铺关门闭户,如有人在这一天营业是会被人笑话的,被认为是一辈子的劳碌命,甚至认为将会带来一年的不吉利。

在除夕这天,徐霞客当然也很想家,想念妻子儿女。他为了不让这种思绪烦扰自己,几乎把整个白天都耗在了考察工作中,直到很晚才回到镇上。

徐霞客一行在空荡荡的街上转悠着,找不到一家肯接纳的旅店,而这时又不好闯进人家家里去。听着一阵阵噼噼啪啪的吃年饭的鞭炮声,几个人好生无奈。

正当徐霞客他们一筹莫展时,来了一位热心的书生。他有一个哥哥在南京做大官,自己也将要到南京去读书,听说徐霞客等人是从南京那边来的,非常热情地把他们领到了族人刘怀素的家里。

晚上，刘怀素和书生热情地请霞客饮酒庆祝新年，这使他一时忘记了身处异地他乡的游子心情，也忘记了旅途奔波的劳累。

大年初一，霞客辞谢了好客的主人，又继续踏上了行程。正月初三这一天，开始登武功山。武功山位于江西西部，居罗霄山脉北支，山体呈东北至西南走向。

武功山为江西第一高峰，相传晋代有蜀人武氏夫妇在此修炼，得名武公山。南朝陈霸先平侯景之乱，自称在此山得到神灵相助，因此改名"武功山"。

徐霞客溯溪而上，登上香炉峰。香炉峰的崖壁上、山坳间或有溪流悬挂。这一天，天气不是很好，走二里到达集云岩后，徐霞客身上的衣服已经被小雨打湿了。

集云观里有个道徒想送徐霞客到武功山山顶，自己赚点零花钱，但是路上雨逐渐大了起来，就归还了徐霞客给的送路费，丢下行李跑了。然而，逐渐增大的雨势和道徒的半路离去，似乎并没有影响徐霞客的游兴，他依然选择风景优美却颇为崎岖的小路登山。

一路上，道路随着山腰延伸，徐霞客遇到山冈就翻过去，遇到山峡就弯腰穿过。过了几个山峡后，来到香炉峰的东面。向北边望去，崖壁上仿佛挂着白色的布幔，如同下垂的瀑布。

奇怪的是，瀑布只有向下的姿势，却没有飞洒的动态，仔细一看，原来水都结冰冻住了。这才知道山中高而寒冷，气候已经不同于山脚了。只是徐霞客一路冒雨前进，没有感到冷气而已。

又走五里地，到了观音崖，主仆二人在白法庵休息。本来

第四章｜开始西南万里行

徐霞客已经不打算再走了,可是午饭后,雨突然停了,于是他又继续攀登,一直走到了武功山山顶。

徐霞客观察了一下武功山的地理环境,发现武功山如同一道东西向横列的屏障。山顶上有道路通往四方,西南方的一条,从九龙下钱山,抵达茶陵州,那已经是湖南的地界了。

初四这天,徐霞客从正路下山,此时浓雾稍稍散开,可以看见武功山中峰的北面,座座山峰层层叠叠、直插云霄,原来这就是"千丈崖"。这里有成百座山崖交错盘绕,它们高低不一,如一栋栋高楼耸立山中。

下到谷底,到处都是密密的树林,纷乱的杂草铺在深谷中。此时雾气还没有完全散去,时开时合,如同害羞的少女,用衣袖遮面以躲避客人。在浓雾的装点下,武功山众峰平添了几分柔美和神秘。

之后,徐霞客又前往西峰,那里的景色与东峰相似。从西峰下行,就可以到达九龙寺了。九龙寺中的僧人留徐霞客住宿,徐霞客见雾气逐渐散开,怕耽误了游览,坚决辞谢下山。

往山下走,云雾慢慢散开,路边崖壁上水流飞泻,犹如高悬在倒竖的山峡间。一路上,或从溪左走,或从溪右走,虽然路线不一,但无不是行走在如巨雷般轰响的水声中和雪花四溅的白浪间。

走出峡谷,才看见平坦的田地,纷乱的水流从田畦间涌出,把徐霞客的鞋子都打湿了。此后,徐霞客一路西行,于正月初十日到达湖南境内。

徐霞客传

沿路进行山洞探险

崇祯十年(1637年)正月十一日,恰是立春,徐霞客一路西行至湖南茶陵州。寒风、冻雨、薄雾,将茶陵州高陇镇那一片田野山丘,涂抹得有些迷蒙。

徐霞客过高陇后去寻找云娄山,在巫江边的盘龙庵请向导,却没有一个人愿意,反劝他不要去。原来山上有一窝老虎,两年前吃了云娄寺里一个和尚,早就没有人敢上山了。

徐霞客也怕虎,但他不想刚进湖南就遇难而退。半路上,碰到一个农民,就拦住问路。乡人热情地帮他们找来几个年轻人,拿着棍棒、火把护卫着他上山。

一行人屏息噤声地绕过老虎窝时,带路的指着洞口要徐霞客看,好在风狂雨骤、天寒地冻,老虎没有出洞。他们顶风冒雨爬到山顶,可是发现云娄寺破败不堪,而且也没看到多少期盼的风景,反倒弄得自己一身的泥水。

下山后,徐霞客乘小船沿茶水顺流到茶陵,第二天,游览了南关外的灵岩,准备第三天登云阳山紫云峰。但是,次日,他刚走到山脚下的洪山庙,突然风狂雨骤,只好放弃。

接送游客的船老板劝徐霞客,不如先回茶陵城去,过了

第四章 | 开始西南万里行

元宵节再来。徐霞客口里虽是答应了,心里却压抑不住登顶的愿望。第二天一大早,徐霞客估计天气可能好转,决定立即登山。

主仆两人沿庙后小径,从冰雪间鼓勇直上,就像穿行在玉树琼枝之中,一路上却没见到第三个游客。攀到峰顶,果然风停雨住,四面峰峦银装素裹,近旁枝叶雾凇披挂,令人称奇。

徐霞客登山有个不走原路的习惯,上山走的是南麓,下山时就走了西麓。西坡没有正经的路,两人刚走了几里,就陷在冰结雪凝的茅草中动弹不得了。

这时,徐霞客模模糊糊看到草丛间几堆乱石,忽然感觉非常像云娄山的虎穴,吓得他拖着仆人顾行拔腿又往山上跑,连爬带滚地过了两个坡才停了脚。

喘了一会儿,又重新找到路下山,却迷失了方向。好不容易可以看见山下的平地了,眼前却是一面陡坡。此时的徐霞客只想尽早下山,便顾不了那么多,带着顾行从草丛中滚到了山脚下的溪沟边。这个元宵佳节,徐霞客就是这样在茶陵度过。

第六天,徐霞客请了位段姓老乡带路,去探秦人洞。上午走的是个水洞口,进不去;下午,由段姓老乡的父亲带路,找到了可以进入的旱洞,但是,因为没有带着长梯子,有一处高崖爬不上去,没办法深入。

返回向导家后,主人向他介绍上清洞和麻叶洞的情况时说:"这两个洞子里面都有神奇的景色,但是,很难进入,里面又住

着山妖洞怪，人们也不敢进去。"

徐霞客一听就高兴起来了，越是险奇的岩洞，他探寻的兴趣就越高，于是立即寻找火把和向导，前去上清洞。可是，当地人只肯提供火把，而无人敢做向导。

正月十七日，徐霞客和顾行带着火把前往，到洞口后发现，入口狭窄且洞内有急流，要进去，必须匍匐着前进，但是水又很深，脑袋不能探出水面，即便泅水过去了，火把也会弄湿。

当时天气还比较寒冷，洞内冷水刺骨。徐霞客思量很久，还是放弃了进洞的打算。探了两个洞子，人都没进去，徐霞客把最后的希望寄托在麻叶洞。

徐霞客和顾行在洞口生了火，烤干衣服后动身前往麻叶洞。麻叶洞在一个石崖上，洞口朝南，仅如斗大，在石头缝隙里转折了几层才通下去。

徐霞客在此处找火把、请向导时，当地人有的说："此中有神龙。"有的说："此中有精怪。除非是有法术的人，否则不能慑服精怪。"

最后，好不容易才出高价请到一个人。徐霞客和那个向导一起来到麻叶洞前，正准备脱衣服进洞，那个向导突然问徐霞客是干什么的，当得知徐霞客只是一介儒士而非法师时，立即转身就跑，惊骇不已地说："我以为您是大法师，才跟着您进去的；既然是读书人，我怎么能跟着您去送死？"

徐霞客无奈，只好又回到村子里叫来他的仆人顾行，两人各持火把进洞去。周围还有十几个好奇的村民，打柴的将镰刀插在腰间,耕地的肩上扛着锄头,还有放牧的童子和负重的行人,都跑来看热闹,却没有一个人敢跟着进洞。

徐霞客和顾行互相传递着火把朝下走,洞内很狭窄,有时要先将火把递过去,人再趴在地上爬过去。好在洞内没有水,也干净整洁,不必担心衣服湿透或弄脏。

奇怪的是,洞内有细沙和石子,可以推测,以前是有水的,不知道后来为什么干涸了。麻叶洞内部石壁光滑,倒挂着的石柱、石莲花等外表光洁如玉,再里面还有一座天然的石床,旁边有石柱若干根,景致优美。

徐霞客兴趣大增,还要继续往前走,只因带进的八支火把已经烧完七支,两人只得返回。但是,最后这一支火把已不够他们出洞了。

山洞空间回环曲折、小洞密布,如果摸黑很难走出去;洞外虽有很多人围观,却都惧怕精怪,没有人敢进来救援。

在这生死攸关的时候,徐霞客凭多年的经验,冷静地判断出洞口的方向,他带着顾行疾速地由石隙间钻爬,又准确地找到两处关键的隘口,终于在火把熄灭那一刻,爬出洞口。

出得洞来才发现,守在洞外等着看热闹的人又增加了几十个。村民们看到徐霞客主仆出来,都将手举到额头向他们行礼,把他们当成懂得大法术的高人。

内里有人说:"我们在这里守候了很久,以为你们一定是被精怪吃了,想进去探看又不敢,想离开又不忍心。现在,你们竟然安然无恙地出来了,若不是神灵畏惧你们,怎么能有这样的

徐霞客传

结果!"

徐霞客哭笑不得,但仍向这些人道了谢。只是奇怪,这麻叶洞干净整洁,里面又没有什么奇怪的东西,怎么当地人敬畏若此,连进都不敢进呢?

徐霞客探完麻叶洞,时辰已是下午,他没急于吃中饭。为了给自己压惊,他在麻叶湾找了个酒坊,痛饮一番,再一路西行,直向攸县。

第四章 | 开始西南万里行

深入考察南岳衡山

　　崇祯十年(1637年)正月十九日,徐霞客从攸县进入衡山县境,对衡州地区进行考察。据他的《楚游日记》记载,他先后游历了今衡阳市祁东、耒阳各县,三进三出衡州府,记录了衡州地理概况,描述了山川名胜,叙说了风土人情。

　　南岳衡山为我国五岳名山之一,自然是徐霞客重点考察的对象。其主峰祝融峰在湖南省衡阳市南岳区境内,七十二峰,群峰逶迤,其势如飞。素以"五岳独秀""祭祀灵山""宗教圣地""中华寿岳""文明奥区"等名号著称于世。

　　"南岳"一词,始于春秋战国时期。《周礼·虞书》云:"(舜)五月南巡狩,至于南岳。"以南岳称谓衡山,最早见诸文字是汉初《尔雅》,其《释山》篇有"江南衡"之说,意指江南衡山,后《尚书·大传》中解《虞书》云:"南岳,衡山。"

　　但是据《周礼·职方氏》《春秋》《星经》等典籍介绍,对南岳衡山的来历另有一番解释,它是按星宿的划分,说这地方上承轸宿玉衡星,所以叫衡山。衡山因地处五岳的最南端,故名"南岳"。

　　徐霞客从小就怀有游遍五岳的壮志,青壮时先后登临泰、

149

华、嵩、恒四岳,直到此时,才终于来到南岳,圆满实现了自己的理想,心中自然非常激动。

正月二十一日,徐霞客入谒岳庙。岳庙,即南岳大庙,江南第一庙。它是中国南方最大的庙宇,是一个集国家祭祀、民间朝圣、道教宫观、佛教寺院于一体的宫殿式古建筑群,是南方最大的传统文化博物馆和精湛的艺术殿堂。

南岳大庙位于南岳古镇北端,赤帝峰下。它有九进四重院落,占地面积十二万平方米,布局严谨,气势恢宏。南岳庙本在祝融峰上,为方便国家祭祀与民间朝圣,隋代移至山下。

据《南岳志》记载,唐初建司天霍王庙。唐玄宗开元十三年(725年),由唐玄宗诏建南岳真君祠。唐玄宗天宝五年(746年),唐玄宗封南岳真君为司天王,于是庙制按王宫规模增修,至唐肃宗时即有相当规模。

北宋真宗大中祥符四年(1011年),加封南岳司天王为"南岳司天昭圣帝",因此,其建筑形制亦由"由王升帝","拟然帝居",从此成为一种"定制",并沿袭下来。

南岳大庙建筑文化博大精深,大庙中轴线上的建筑为皇家的建筑风格,是历朝帝王祭祀南岳衡山与民间朝圣的重要场所。主体建筑依次由棂星门、奎星阁、正南门、御碑亭、嘉应门、御书楼、正殿、寝宫和北后门九进四重院落组成。

东面有八个道宫,西面有八个佛寺,这正好印证了道教崇尚"紫气东来",佛教推崇"西方极乐"的宗教规制,充分体现了南岳道、佛共存一山,共融一庙,共尊一神的独特宗教文化特色,为中国乃至世界名山所罕见。

第四章 | 开始西南万里行

南岳大庙正门叫棂星门,棂星本叫天田星,是天上二十八星宿之一,主管人兴国旺。汉高祖时命祭天先祀灵星,因此得名。也有说棂星门指的就是天门。

据《星经》记载,门以"棂星"命名,意思是人才辈出,为国所用。因此,一般的庙宇不可用"棂星"来命名。

要用"棂星"冠以庙门,必须具备三个条件:第一是规模较大,气势宏伟的庙宇;第二是人才辈出,精英荟萃的地方;第三必须由皇帝下诏书。南岳大庙正好符合以上三个条件,才得到了这份至高无上的殊荣。在国内,用棂星冠名庙门的,只有山东孔庙和南岳大庙等寥寥几处。

大门两侧的对联,高度赞扬了大庙建筑之恢宏与国家和谐兴旺:

  棂环卍字,槛绕廻文,仰台阁辉煌,是谓仙宸帝阙;
  星敛贪狼,风和仪凤,喜山河奠定,同游化日光天。

门高和宽均为二十米,厚一点一米,门上竖额"岳庙"二字。门前有两只古朴大方、形态逼真的石狮,延请宾客进入这吉祥之门。

棂星门内是一个松柏参天,绿草如茵的庭院。院内左右各有水火池,水火池是蓄水以防建筑起火用的,也常被道、佛教信徒们用来放生,因此又叫放生池。

两边有东、西碑亭,东碑亭中置有明成化年间尚书商辂撰写的《重修南岳庙记》碑刻;西碑亭中置有宋代著名政治家范仲淹次子范纯仁撰写的《祭衡岳文》碑刻。

151

南岳庙的第二进是一座古朴典雅、精致玲珑的楼阁,叫奎星阁,为重檐歇山顶建筑,面积一百三十九平方米。奎星原是二十八星宿之一的"奎宿",北斗七星中组成斗形的前四颗星。

道教称其主文道,并改名为魁星,后人便把魁星演化为文官之首,主管文人学士成败命运,备受读书人崇拜。阁楼内原来立着魁星塑像,以示崇文之意,相传谁被魁星点中,就会连中三元。很多望子成龙的父母带着子女来此祈拜。

奎星阁又名"戏台",它是湖南省保存最完好的一座古戏台。据传,历代帝王天子或朝廷命官来南岳祭拜岳神时,地方官员都要请一些戏班子和民间艺人前来演唱戏曲,以增添喜庆气氛。戏台基座上有四个大铜钱孔,它们起扩音的作用,是最原始的音箱了,同时也象征着国富民强,国泰民安。

从基座通道穿过奎星阁后,则可看到戏台两侧保存下来的"凡事莫当前,看戏不如听戏乐;为人须顾后,上台终有下台时"的对联,横匾是"古往今来"。对联寓意深刻,令人感慨万千。

在戏台的中央顶部,有一条巨大的木雕盘龙,因此奎星阁又叫盘龙亭。盘龙由香樟木雕刻而成,刻工精湛,技术高超。奎星阁两侧有钟亭、鼓亭。左边钟亭原有一口九千斤重的大钟,右边鼓亭原有一个直径两米的大鼓。据传,只要钟鼓齐鸣就可以镇住洪水,使龙王不敢兴风作浪,以保国泰民安。

南岳庙的第三进叫"正南门",它由三个拱门组成,很像一个"川"字,故又叫"川门",川门的寓意是指前来朝拜南岳圣帝的信士川流不息、络绎不绝。川门分为正川门和东、西川门。正川门在古代只有帝王天子和朝廷命官才能通行,平民百姓只能走东、西川门。

大庙的第二重院落,纵深不长,横向却很宽。院落东边是"文昌殿",通大庙东侧的八个道宫;西边是"六寺同门",通大庙西侧的八个佛寺。道士、道姑及和尚、尼姑共同居住在南岳大庙两侧的奇特现象,便形成南岳八大怪之一的"和尚道士住一块"。

院落正中是大庙的第四进御碑亭。亭系木结构,为八角重檐歇山顶建筑。此亭又叫百寿亭,亭的四周檐板上撰写了一百个字体各异的"寿"字,每个寿字构思巧妙,无一雷同,意思是祈愿"寿岳"祭祀朝圣的人们能福寿安康、延年益寿。

第五进为嘉应门。嘉应门是历史上迎送宾客的仪门。嘉应二字取自《汉书·礼乐志》中"天地顺而嘉应降",有贵客从远方而来的意思。历代皇帝及朝廷命官来南岳祭祀,地方官员和庙祝都在此恭候迎接。此门为单檐歇山宋代古建筑风格。

嘉应门后的第三重院落为南岳大庙的主院,由御书楼、正殿、寝宫和东、西长廊组成。正殿居中,前为御书楼,后为寝宫,长廊环伺左右,周围还有很多古树名木。

第六进为御书楼,楼内为皇帝御书、匾额的存放地。穿过御书楼,是整个大庙的核心建筑——正殿。正殿内供奉着"南岳司天昭圣帝",因此又叫"圣帝殿"。

正殿屹立在两米高的十六级须弥台座之上,为重檐歇山式建筑,高三十一点一米,殿基长三十五点三米,宽五十三点七米,占地面积一千八百九十五平方米。殿宇气势宏伟,飞檐高耸,雕梁画栋,雍容华贵。

正殿不仅是整个大庙最大最高的建筑物,而且高出南岳古镇所有建筑物,以显示其至高无上的地位。殿前有一块占地千余平方米的广场,是用于酬神演戏和朝拜敬香的地方。

自古以来,民间一直盛传着"南岳圣帝有求必应",因此每年来自国内外敬香朝拜的客人有数百万之多,且很多人把朝圣作为一种信仰,年年都来,使这里终日青烟袅袅,芳香满院,终年香火不断,又形成了南岳八大怪之一的"千里歌舞来朝拜"。

两边的宝库,是供香客焚化香纸的香炉。面对正殿的右边香炉是为生人烧的,左边香炉是为亡者烧的。

通往正殿前的十六级石阶中有条汉白玉浮雕龙,俗称拜殿龙,它昂首曳尾,浪花四溅,在祥云托日的海面上,跃跃欲飞。正殿屋脊上有许多陶龙、鸱吻吞脊等,屋脊正中央高耸着一只四点五五米长、重千斤的五节青铜葫芦,两端各有一把长一米、重三百斤的青铜宝剑。

正殿内外共有石柱七十二根,象征着南岳七十二峰。其中,正门前的两根是由整块花岗石凿成,柱高六米,直径一米,重达十四吨。石柱都取自南岳衡山,是在严寒的雪天通过道路洒水结冰,然后靠众人力量拉到大庙,再通过堆土的方式将它立起来的,彰显了劳动人民的聪明智慧。

石柱上叠架木梁,用丹漆彩绘,以斗拱相连。大殿从上至下,从里到外布满了各式各样的木刻、石雕、泥塑,有"神龙尝百草""大禹治水""八仙过海""二十四孝"等。

大殿正中汉白玉基座的神龛内供奉着金身冠冕、神态威严、有求必应、高达六点三米的南岳司天昭圣帝坐像,也就是万民朝拜的火神祝融。

祝融是上古轩辕时代黄帝手下的一名火正官,由于他以火施化、教民熟食、生火御寒、举火驱兽、制乐作歌,以谐神明,以和人声,其功德光融天下,所以黄帝封他为管火的火正官,即火神,又叫"赤帝",并委任他主管南方事务。

祝融以南岳衡山为栖息之所,死后葬于衡山。人们为了纪念他,便将衡山的最高峰命名为祝融峰,并建祠纪念,把埋葬他的山头叫赤帝峰。

历代帝王都派出重臣来南岳隆重祭祀,祈求圣帝"以卫社稷,而福生灵"。神龛上装饰着四条金龙和两只金凤,两旁镶嵌着郑板桥的"梅、兰、菊、竹"竹板刻画。

整个殿宇由彩绘装饰得富丽堂皇,真可谓是集建筑艺术之大成,是一座雕刻的艺术宫苑。特别是反映数千年传统文化且被誉为"江南三绝"的木雕、石刻、泥塑,其数量之多、品种之全、技艺之高超,在此展现得淋漓尽致,无不令人惊叹。这些都反映了古代劳动人民精湛的技艺和高超的智慧。

正殿的后院是大庙的第四重院落,由寝宫、注生殿、财神殿、辖神殿、文殊殿和北后门组成。寝宫是大庙的第八进,殿中神座上供奉着南岳圣公圣母,圣公圣母是保佑夫妻恩爱、白头偕老、百年好合的。

南岳大庙第九进,是大庙中轴线上的终点。后门为单檐硬山三开间,东有注生殿、财神殿。注生殿内供奉的是注生真君,亦称南斗星君。

注生大帝身边四侍女为眼光娘娘、送子娘娘、催生娘娘、天

花娘娘,左供慈航真人,右供送子娘娘。东晋《搜神记》载,南斗注生,北斗注死,注生殿之名,由此而来。

注生殿东边是财神殿,殿内供奉的是武财神赵公明。西有辖神殿和文殊殿。辖神殿主祀辖神总管像,文殊殿内供奉的是文殊菩萨。文殊菩萨全称"文殊师利"菩萨,意为"妙德""妙首"或"妙吉祥"。文殊菩萨专司智德,智慧第一,人称大智菩萨。

北后门的东侧有玄园,可通东八观。西侧有禅园,可去西八寺。

东八观在大庙东侧,有八个道宫,由道教独管。由前至后依次为玉虚宫、万寿宫、清和宫、仁寿宫、三元宫、寿宁宫、纯阳宫、铨德观。

西八寺在大庙西侧,有八个寺庙,由佛教管理,由前至后依次为化城寺、崇宁寺、云峰寺、观音阁、老南台寺、忠靖王殿、天堂寺、金龙寺。

拜谒过南岳大庙,已是新年。年后,徐霞客来到了南国四绝之一的水帘洞。水帘洞位于南岳衡山七十二峰之紫盖峰下南岳乡水濂村,距南岳镇八里。

泉水从石壁上飞流直泻,发出雷鸣般的声音,声传十里。明朝张居正游此地后说:"瀑泉洒落,水帘数叠,挂于云际,垂如贯珠,霏如削玉"。

确实,它从绝壁上喷泻下来,泻珠溅玉,仿佛一幅巨大的白布帘,在石壁当中被乱石嶙岩挡住,再从石缝里屈曲折射,跳跃出来,满谷水花四溅,闪烁着晶莹夺目的光彩。

每逢晴日当空,水帘上面,飞虹耀目,五彩缤纷,蔚为奇观。

唐、宋、明各个朝代,都有不少诗人名家为之题刻赋诗。石刻有宋代的"南岳朱陵洞天",明代的"天下第一泉"。

水帘绝壁下的碧潭,天上的云彩和两边的苍翠的山峦,构成一幅美丽的山水画。明朝张居正作《水帘洞》赞道:

> 误疑瀛海翻琼浪,莫拟银河落碧流。
> 自是湘妃深隐处,水晶帘挂五云头。

这首诗可说是写出了水帘洞的光、声、影三绝的奇景了。

徐霞客兴致勃勃地在南岳游览了整整七天,其间,在上封寺就住了四个晚上。这七天里,天气还算喜人,徐霞客尽兴地游览,祝融、云雾、铡刀、赤帝、天柱、狮子、华盖、观音、莲花、泉室、天台等众峰一览无遗,他在日记中得意地写道:

> 南岳之胜乃尽。

第八天下山,好天气到头了,风雨交加。他又不像一般游客那样,走樟木、松木大路去衡州,而是从方广寺补衲台出发往西麓走,即当地人所称的"后山",边走边考察山形水势。毕竟徐霞客是位杰出的地理学家,他远足南岳并非简单的游山玩水,而是在实地考察中对南岳的山形、水势提出自己独特的看法。

过龙潭寺时,徐霞客细致地观察了天台峰、双髻峰、狮子峰、莲花峰的走势,这四座峰的西麓,都归结到龙潭附近。到马迹桥,他认为就是衡山主脉的西端了。过响水塘,应该算是衡山的余脉了。

经这一路的踏勘和分析,他找到了一个重要的节点,这就是

马迹之南五里的孟公坳。在徐霞客看来,孟公坳不仅是衡山、衡阳两县的分界岭,而且是衡山最西端的来脉。只是因为这一带多为丘陵,往东向主峰的山岭不是那么高峻,人们意识不到而已。

此前,徐霞客对衡山山脉的认识,来自南朝刘宋人徐灵期的理论,即他在专著《衡山记》里讲的"衡山周回八百里,山有七十二峰,回雁为首,岳麓为足"。这个意思是说,衡山的山脉是由南向北延伸,始于衡州府城内的回雁峰,终于长沙府湘水左岸的岳麓山。

徐灵期在南岳上清宫修持十五年,是研究衡山的第一人,写的《衡山记》又是第一本记述南岳山川的专著,他提出的衡山山脉总体形势的观点,就成了此后千百年研究衡山的一个基本定论。

徐霞客来衡山以前,对这个说法也是笃信不疑的。然而,在经过认真缜密的实地考察后,他以一个地理学家的眼光提出了不同的看法。

他认为衡山应该发端于脚下的孟公坳东峙的双髻峰,往东是狮子峰、莲花峰、石廪峰,再由石廪峰分为南、北二支,往南为白石、岣嵝等,往北为云雾、观音、天柱等。这就是说,是个"T"字形,而非徐灵期所描述的"一"字形。

正月二十八日,徐霞客从南岳下山。时值初春之际,春雨霏霏。徐霞客由蒸水而下,在一片迷蒙景色中走进衡州城北的青草桥头,宿在北门外绿竹庵天母殿的瑞光大师处。

按预先的计划,他们的下一站是湖南永州,再由永州往广西全州。所以,在衡州只是过路而已。因连天的风雨,逆水往永

第四章 | 开始西南万里行

州的客船不便,徐霞客在衡州滞留了十一天,考察了名胜古迹,描述了山环水绕的城市位置特征。

这十一天里,徐霞客过湘江东岸,游湘东寺,看耒水入湘;登回雁峰、来雁塔,南北俯瞰衡州城;在石鼓山观蒸湘合流,游石鼓书院,登大观楼,品禹王碑;又雅游花药山、桃花冲、桂花园等风景名胜。还专门研究了衡州府城的地形山脉,及湘、蒸、耒三水形势。

徐霞客这样描述衡州城:

> 东面濒湘,通四门,余北、西、南三面鼎峙,而北为蒸水所夹,其城甚狭,盖南舒而北削云。北城外则青草桥跨蒸水上……而石鼓山界其间焉。盖城之南,回雁当其上泻,城之北,石鼓砥其下流,而潇湘循其东面,自城南抵城北,于是一合蒸,始东转西南来再合耒焉。

衡州城呈现了山环水绕的地理特征,城市南宽北窄,城围有七门相通,南门至北门大街相连,城市万家烟市,河街"市肆所集","城中圜阓与城东河市并盛",城市一片热闹繁荣。

徐霞客在考察衡州城的过程中,重点描述了这里的风景名胜。他笔下的石鼓书院兼江西南昌滕王阁、湖北武昌黄鹤楼之胜,别具一番风韵。徐霞客写道:

> 山在临蒸驿之后,武侯庙之东,湘江在其南,蒸江在其北,山由其间度脉东突成峰,前为禹碑亭,大禹《七十二字碑》在焉。其刻较前所摹望日亭碑差,古而漶漫殊甚,字形

159

与译文亦颇有异者。其后为崇业堂,再上,宣圣殿中峙焉。殿后高阁甚畅,下名回澜堂,上名大观楼。西瞰度脊,平临衡城,与回雁南北相对,蒸湘夹其左右,近出窗槛之下,惟东面合流处则在其后,不能全括。然三面所凭擘,近而万家烟市,三水帆樯,远而岳云岭树,披映层叠。虽书院之宏伟,不及吉安白鹭大观,地则名贤乐育之区,而兼滕王、黄鹤之胜,非白鹭之所得侔矣。楼后为七贤祠,祠后为生生阁。阁东向,下瞰二江合流于前,耒水北入于二里外,与大观楼东西易向……

徐霞客对石鼓山与石鼓书院的详尽记述,为后人修复书院提供了一笔珍贵的史料。

徐霞客进衡州后,进一步研究衡州城的山脉,以佐证自己在马迹桥做出的判断。徐霞客笔下的回雁峰、花药山各具神韵,各显风姿。或寥寥数语,勾勒山形;或短短几句,描述生动。

徐霞客认为,衡州城里的山脉,南自回雁峰,北尽于石鼓山,是从邵阳、常宁那个方向来的,东南的边界是湘水,西北的边界是蒸水,南岳衡山从岣嵝峰开始,都是湘水下流的山脉了,与衡州城"非同条共贯者"。又明确指出:徐灵期讲回雁是七十二峰之首,是他没有到过孟公坳,不知道衡山发端于双髻峰。

过后,当他登上城北外的来雁塔,穿城遥望到城西南外的雨母山时,他得出了第三个结论:雨母山就是回雁峰与衡州城的来脉。

这样,徐霞客间接地否定了衡山"七十二峰"之说,衡山的范

第四章 | 开始西南万里行

围没有徐灵期讲的那么大,南端应该是岣嵝峰,西端在孟公坳。

徐灵期的《衡山记》中,虽然说"山有七十二峰",除了指出回雁为首、岳麓为足之外,并没有明确其他七十峰。直到宋朝,同为南岳道人的陈田夫著《南岳总胜集》,列出具体的七十二峰峰名。

依徐霞客的新观点,已经排除了最南衡州城里的回雁峰,最西湘潭县境内的灵应、碧岫二峰。至于最北长沙的灵麓峰、最东衡山县境内的凤凰、晓霞、采霞三峰在不在衡岳的范围之内,徐霞客也表示怀疑。

依着徐霞客严谨执着的习惯,他应该到长沙登岳麓山,过湘水东岸到凤凰峰,做一个完整的考察。只因为他在回雁峰下的水府殿求签,只有西行才是大吉,此后,虽然有多次机会北下、东渡,他都一次次地放弃了。

徐霞客关于南岳山脉的研究并不圆满,只提出了南端、西端的边界,并未界定北端、东端。他为后人留下一个未结题的课题。

徐霞客在衡阳停留的时间最长,对那里的寺庵、园林、街市记载得特别详细。在湖南游历南岳衡山各景后,五岳之游悉数完成,他多年夙愿也终于达成了。

徐霞客传

在湘江遭遇强盗袭击

明思宗崇祯十年(1637年)二月初十日,徐霞客一行在铁楼门外乘船出衡州,往永州,溯江南行。没想到,雨通宵达旦下个不停,一直到傍晚,雨方散去,这才解开船缆启程。

十一日这天五更时分,又听到雨声,天亮后,雨渐渐停止。船往南上了钩栏滩,它是衡州府南面第一滩,此处江流变深,水面变窄,水势比较平缓。

当晚停泊在新塘站上游对岸。当时与徐霞客同船的有衡州府的艾行可和石瑶庭二人,艾是桂王府祭祀时管赞礼司仪的执事,而石本来是苏州府人,移居楚地已经三代了。

附近岸边本无村落,徐霞客想,石瑶庭与前舱中所搭乘的徽州人都常跑江湖,而艾行可又是本地人,船的行止自己不用问,交给他们应该很放心。

等到日落西山之后,月色明朗起来。徐霞客心中有了几分喜悦。他在《楚游日记》中写道:

> 追暮,月色颇明,余念入春以来尚未见月,及入舟前晚,则潇湘夜雨,此夕则湘浦月明。两夕之间,各擅一胜,为之跃然。

第四章 | 开始西南万里行

徐霞客欣赏着难得的江月胜景,忽然听到江岸边有啼哭之声,像是幼童,又像是妇女,哭了很长时间都没停息。然而,所有的船都静静的,没人敢问是怎么回事。

徐霞客被哭声扰乱了心神,睡不着觉,于是在枕上作诗表达怜悯之情,其中有"箫管孤舟悲赤壁,琵琶两袖湿青衫"的句子,又有"滩惊回雁天方一,月叫杜鹃更已三"等句。

当时徐霞客心想,这也许是个骗局,一旦船上的人因同情而接纳他时,便有人尾随其后挟持诈骗。二更时分,随行的静闻和尚忍不住乘小便的时机,叫啼哭的人过来询问。

那是个小孩,说自己只有十二岁,父亲喝了酒就打他,他不敢回去。静闻劝他回去,并且好言安慰他,但他竟然躺在岸边不动。静闻和尚觉得奇怪,只好回到船上去了。

就在这时,杀声突起,一群盗匪呐喊着夺船而上,火把、刀剑猛然向一行旅客杀将过来。徐霞客还未入睡,急忙从卧板下取出装有旅费的小箱子,想从船尾跳水。

可是盗匪正在挥刀劈船尾舱门,出不去。徐霞客用力掀开船篷的缝隙,将小箱子胡乱抛入江中。回到原处他找了件衣服披着。静闻、顾行、艾行可、石瑶庭以及他们的仆人,有的光着身子,有的裹着被子,都被逼到一起。

盗匪破后门而入,刀剑乱劈砍,血溅船舱。徐霞客心想,这样必定会被盗匪抓住,拿着件丝绸衣服反而不便,赶紧丢掉。人们跪在船板上哀求饶命,盗匪仍挥刀不停,大伙儿于是纷纷掀开船篷,跳入冰冷的江中避难。

徐霞客传

徐霞客也跟着纵身跳去，偏偏被船索绊了一下，头朝下跌入江中，呛了满鼻子水，幸亏江水只齐腰深，他才没被淹没。盗匪放火烧船，火光冲天，映在江中，如血染一片。

当时船夫父子也都被刺伤，在邻船上哀号。另一只船上又有石瑶庭、艾行可的仆人与顾行，都被强盗刺伤，这几个人都光着身子上了徐霞客所在的船，和他同盖一床被子躺下。

之前同船的那五个徽州人都是木匠，其中有两个在邻船上，剩下三人竟然不知下落。徐霞客找遍船舱不见静闻踪影，去后舱中询问石瑶庭等人，也说不知道，当下忧虑万分。

徐霞客躺在众人中思考接下来该怎么办，一旁的顾行受了伤，呻吟得很厉害。徐霞客心想，行李虽然被烧抢得一干二净，但还有投到江中的小箱子呢，里面还装着旅费，如果能在江底找到，以后的日子就有着落了。只恐怕天亮后被见到的人拿走，最好黎明就前去寻找，但身无寸缕，怎么上岸呢？

这天晚上，起初，月光明亮，强盗来时已阴云密布，到天亮又下起了绵绵细雨。这丝丝小雨正如徐霞客此时的愁绪，绵延不绝。

十二日早上，邻船一个姓戴的客人，很同情徐霞客，从身上脱下一件里衣、一条单裤送给他。徐霞客身上已无分文，摸摸发髻，尚存有一支"银耳挖"，于是用以酬谢。

经过寻找，才最终找到了静闻和尚。原来，静闻为了守护血写的经书，一直舍身留在船上。他为抢救经卷和霞客的书籍、文稿、书信而去救火，被盗匪捅了两刀，好在没伤到要害。

第四章 | 开始西南万里行

而与徐霞客相识的艾行可先生则一直没有找到。人们还以为他搭过路船回衡阳了呢,后来到衡阳才知道,他惨死于盗匪的刀下,尸体落入江中,顺流漂了很远。

徐霞客抚摸着静闻帮他抢救出来的手稿,感激万分。众人也都为静闻的舍己为人的精神所感动。

这次遭劫,损失惨重。徐霞客财物丧尽,那个小箱子打捞上来,已是空箱。最让人痛心的是张宗琏所著的《南程续记》一套,他的后人珍藏了两百多年,徐霞客在江西时好不容易得到了这套书,不几日的工夫,便遭此厄运。徐霞客真是心痛万分。

徐霞客已没有旅费,静闻和顾行又受了伤,显然不能这样往前去了。霞客想到衡阳尚有熟人,便决计返回衡阳。到了下午,他们终于遇到了一条船肯搭他们去衡阳。

船上的人见徐霞客他们如此落魄,都纷纷劝霞客说:你这么一大把年纪了,又有家室,有田产,何不待在家里过安定日子?如今这世道乱得很,这回算是捡回了命,下回可难说。

徐霞客心里很感激大家的一片好意,淡淡地笑着回答说:"我随身带了一把锹来,何处不可埋我的尸骨呢?"其实,徐霞客早已把他的身心交付给大自然了!

乘间隙进行环湘南游

徐霞客一行返回衡阳,来到同乡金祥甫家,想求老乡帮忙解决旅费。金祥甫也手紧,推辞说,弄旅费很困难,如想回家,倒是可想想办法凑些盘缠。

徐霞客恳求说:"我不能就这样回去,这等于半途而废。你想想看,如果我家人知道旅途这么危险,还会让我再出来吗?你帮我作保借些钱吧,待你回家乡时就到我家来取!"

可是金祥甫一时筹不出钱,徐霞客等得不耐烦,就留下静闻各处催款,自己拿了点散碎银两,带着顾行去做环湘南游。

这时正值明末动乱,土匪山贼横行,山田荒芜,旅途上险象丛生。由于民不聊生,主仆二人晚上投宿常被拒之门外,有时不得不与猪、牛共处一棚,有时没有办法,只得住岩洞,甚至露宿山野,在风雨中度过饥寒交迫的夜晚。

再加上此时的徐霞客已进入暮年,健康状况不佳,因此四十多天的环湘南游,病的时间就有二十余天。而早已将生死置之度外的他,却愈艰难愈向前。

徐霞客在楚地旅行,时刻不忘搜寻当地的人文景观、历史掌故。过祁阳、永州、道州一带时,虽然身体不适,他仍带病探寻元结、柳宗元等先贤的遗迹。

唐代大文豪柳宗元曾被贬永州多年。彼时中国的经济重心在北方地区,永州还是开发不足的蛮荒之地,虽山水幽奇雄险,却是"养在深闺人未识"。

柳宗元在待罪期间百无聊赖,便到处游览,搜奇览胜,借以开拓胸襟、排遣寂寞,寻求些精神上的慰藉。游历之余,写下了八篇著名的山水游记。

徐霞客循着柳宗元的足迹,一一游览了各处景点。永州是柳宗元的伤心地,彼时徐霞客由先贤遭际想到家族的坎坷仕途,自己满腔抱负无处施展只能化作山海之游,内心必有一番起伏吧!

三月二十四日,徐霞客来到了九嶷山。九嶷山,又名苍梧山,得名于舜帝之南巡。因境内有舜源、娥皇、女英、杞林、石城、石楼、朱明、箫韶、桂林九座峰峦,且峰峰相似难以区别,故名九嶷。

九嶷山属南岭山脉之萌渚岭,纵横约两千里,南接罗浮山,北连衡岳。这里峰峦叠峙,深邃幽奇,千米以上高峰有九十多处,多由砂页岩、花岗岩、变质岩组成。

九嶷山九峰耸立,山峰耸翠,巍峨壮丽,溶洞密布,绿水长流,自然风光十分秀丽。舜源峰居中,娥皇、女英、桂林、杞林、石城、石楼、朱明、箫韶八峰,拔地而起,如众星拱月,簇拥着舜源峰,紧紧依偎着两旁的娥皇峰与女英峰。

九嶷山以独特的风光、奇异的溶洞、古老的文物和动人的

传说，驰名中外，令人神往。徐霞客由西北方入山，一路上，有曲折的石穴，有直立的山峰。

路旁散乱的岩石，有的玲珑剔透，有的如惊涛卷雪，但无论大小都被罩上初春的新绿，掩盖在朦胧的烟雨中。

走了十里，徐霞客见到一处有几排荒芜的建筑，四周杂草丛生，以为不是什么重要的去处，就继续走。一直走到斜岩，碰到一个耕田的老农，徐霞客向他打听舜帝陵墓所在，这才知道刚刚经过的就是，徐霞客惊懊不已。

这时已到斜岩了，只好先游斜岩。没想到，在岩洞里碰到了一个叫明宗的僧人，僧人告诉他："此地的名胜，近处的有书字岩、飞龙岩，远处的有三分石。但三分石太远了，今天去不了。"

徐霞客此行最为重要的目的是要到三分石察看水系，因为志书上说，三分石下水分三支，一流广东，一流广西，一流湖南。如果这样，那三分石是一个重要的分水岭，对这样重要的地理现象，徐霞客是不会放过的。

徐霞客又问明宗，哪里有碧虚洞、玉琯宫、高士岩、天湖等名胜，明宗也不知道。徐霞客在明宗的指引下，直奔书字、飞龙两岩。

书字岩的岩穴不是很深，后面有一块垂悬的石头，上面用隶书刻着"玉琯岩"三个大字，是宋代李挺祖的笔迹。岩穴右边刻有"九嶷山"三个大字，是宋代嘉定年间莆田人方信孺写的。侧面又用隶书刻着汉代蔡中郎撰写的《九嶷山铭》。后人因为岩石上有巨大的字，便用"书字"来称呼此岩。

第四章 开始西南万里行

徐霞客在书字岩坐了很久,想找个人带他去三分石。然而当地人告诉他,三分石离此处还很远,周围都是瑶族人居住的地方,必须找瑶族人做向导才行。而且中途没有住宿的地方,必须携带火把露天住宿。

徐霞客重金雇到一个瑶族人,二人约好第二天天气晴朗就出发,天气不好,就在斜岩中等候。从玉琯岩出来后,徐霞客又游览了飞龙岩,此岩内还刻着"仙楼岩"三个字,都是宋代人的笔迹。

游览完这两处后,徐霞客又回到斜岩,让明宗做向导,继续游览。斜岩又名紫霞洞,传说舜帝就在这里炼丹。明宗拿出之前准备好的七支火把,自己点燃一支走在前面引路。

这斜岩内部果然深不可测,一行人走了很久。先拾级而下,后转向东,洞里平旷无比,里面有一块块的石田鳞次相连,田中有水。

又有一个大洞室,内有一大石柱端立中央,一小石柱陪立于侧,俨然一副先生训教学生的模样,这就是所谓的"石先生"和"石学生",这里也叫"教学堂"。

途中有条烂泥河水,一直延伸到观音座。明宗做向导,到了这里就停住了,然而徐霞客还要继续往前走,只好蹚过烂泥河水。那河水过了观音座就很深了。

明宗之前没有来过,沿途边走边插下竹竿做标记,以防返回时迷路。当时徐霞客的草鞋已经坏了,走前曾让顾行随身带了一双,以备途中替换。

顾行渡水的时候,见水深,便把鞋子偷偷藏到了观音座下面,这样,徐霞客就不能继续往前走了。没有鞋穿,只能返回。徐霞客推测,洞内之水大约会一直流入潇水。

出洞后已经是傍晚了。第二天阴雨霏霏,之前说好,天气不好便不能去游览三分石。于是,这一天,徐霞客就安闲地卧在斜岩里。二十六日,雨依然下个不停,徐霞客只好打着伞考察了舜陵。

那时所谓的舜陵,就是明初建的"圣殿"。古代的舜陵、舜祠早已荡然无存了。而明初建的圣殿也是颓废不堪。看到这荒草掩径、凄清冷落的景况,徐霞客不禁黯然神伤。

第二天,雨停了,然而向导说云雾没有散尽,怕是晴不长久,还是不愿意去。于是徐霞客听他说了说当地的名胜典故,就回了住处。二十八日,天放晴了,霞客早早吃完饭,又去找向导。等向导吃过饭后,霞客一行带上行李、粮食上路了。

翻过重重山脊沟谷,根本见不到三分石的踪影。到了鳌头山,浓雾散开,远远地看见万山顶上有三个峭耸的石峰在峰群中突兀而起,这就是传说中的三分石。

去三分石,必须过三分岭。三分岭陡峭不能放脚,只有手挽着手,慢慢挪动双脚。就这样走了八里多,又向南走了两里。这时,夜色渐浓,继续前行显然不可能了。

徐霞客就地找了一块狭小的平地歇下来。想煮饭,可是山高无水,饭是肯定吃不成的。只好砍些树枝,在四周燃起篝火,和衣而睡。不多一会儿,忽然一阵狂风暴雨,淋灭了篝火,他们真正到了饥寒交迫的境地。

一直挨到天亮,抬头望天,天又放晴。徐霞客非常兴奋,生上火,找来水,正要煮饭,雨水又浇灭了火。他们只好带上火种,走了一段路,找到一个避雨的地方煮饭。

饭后,两个人又走了很久,中午才到了三分石。徐霞客查看了好久,总算弄清三分石的水实际上是山下涧谷之水。向东北流是潇水之源,向东流是肖水之源,向东南流至江华为沲水之源。三分石涧谷的水根本不能向东南流入广东、广西。这一结论,解决了地理学上的一宗悬案。

考察完毕,夜色已深。二人开始寻找住宿的地方,走了一段后,看到前面有一两间茅屋。茅屋的主人二十多岁,非常熟悉山里的情况,而且对徐霞客一行十分热情。

徐霞客大为感动,赞叹当地民风淳朴,古风犹存。进屋后,徐霞客忙着烧树枝烘烤衣服,又煮了粥吃。当天登山路途艰苦,二人一路上又累又冷,早已疲乏不堪,吃完饭就睡下了。

徐霞客在游览过九嶷山后,经祁阳县到达永州府零陵县、道州、江华县、蓝山县、郴州、永兴县、耒阳县等。当徐霞客带的银子用得分文不剩时,离衡州还差三天的路程,只好用朋友赠送的一段绸布从村妇那里换了四筒米,勉强支撑到衡州。

此后数日,徐霞客为了筹措旅途盘缠,费尽心力。同乡金祥甫劝他说,若是放弃西行考察,便可资助他返回故里的路费。徐霞客担心回去后妻儿不会再让他出行了,于是说道:"我不能改变西行的决心和志向。"

徐霞客传

徐霞客恳请金祥甫借钱给他,以便继续西行。几经周折,最后写下二十亩地契作抵押,才算借到旅费,得以上路。

出游四十多天,徐霞客以为借钱的事总有一两处有了结果,不料筹钱的事仍如他二出衡州时一样,没有任何进展。无奈之际,徐霞客孤注一掷,决心以不足二十两银子继续西行,走到哪儿算哪儿。

徐霞客不为困难所动摇的决心,深深感动了他的朋友,在他们的帮助下,总算有了近四十两银子的旅资。就靠着这笔银子,维持了他此后在广西、贵州四百多天的行程。

第五章

远游与回归

沉醉在桂林山水间

　　明思宗崇祯十年(1637年)四月二十日清晨,徐霞客和静闻、顾行在衡州南关外冒雨登舟,继续他千回百转又危机四伏的旅程。二十八日,徐霞客一行抵达广西桂林。

　　广西地处中国地势第二台阶中的云贵高原东南边缘,两广丘陵西部,南临北部湾海面。西北高、东南低,呈西北向东南倾斜状。山岭连绵,山体庞大,岭谷相间,四周多被山地、高原环绕,中部和南部多丘陵平地,呈盆地状,有"广西盆地"之称。

　　桂林昔称八桂、桂州,因盛产桂花、桂树成林而得名,北接湖南、贵州,西南连柳州,东邻贺州,位于广西东北部,地处漓江西岸,属山地丘陵地区及典型喀斯特岩溶地貌,形成千峰环立,一水抱城,洞奇石美的独特景观。

　　再加上桂林水多湿气大,空中常云雾迷蒙,山涧多绿树红花,江上有蓑笠渔人、白鹭竹筏,游人至此像是走进了连绵不断的画卷,真是"舟行碧波上,人在画中游"。

　　桂林因山为城,大山有虞山、象鼻山、鹦鹉山、铁封山、叠彩山、独峰山、伏波山,等等。四周又有小峰独立,东有隐山、媳妇娘山,西有望夫山、荷叶山、南山、兹山等。有山即有洞,有名的

如刘仙岩、穿云洞等，数不胜数。这对于好探险寻奇的霞客来说，真有如到了宝地。

初到桂林，徐霞客就发现一奇：这里的包子，多用韭菜和肉为馅，放的却不是盐而是糖；稀粥呢，又都是与鸡肉掺和着吃。五月初二，来到桂林的第二天，吃过这有趣的早点，徐霞客便急匆匆地去游著名的七星岩洞。

七星岩早在五六世纪就有了文字记载，隋唐称栖霞洞，宋代称仙李岩、碧虚岩，位于桂林普陀山腹，东西贯通，入口在天玑峰的西南半山腰，出口在东麓。

它原是一段地下河道，后来地壳变动，地下河上升，露出地面成为现在的岩洞，已有一百万年的历史。岩洞露出地面后，雨水长期沿洞顶裂隙不断渗入，溶解石灰岩，并在洞内结晶，形成许多石钟乳、石笋、石柱、石幔、流石坝，千姿百态，像一条雄伟壮观、气势磅礴的地下画廊，蔚为奇观。

七星岩早在隋唐时代就已成为游览胜地，是桂林山水中的溶洞代表，主要景点有石索悬锦鲤、大象卷鼻、狮子戏球、仙人晒网、海水浴金山、南天门、银河鹊桥、女娲殿等。

徐霞客从七星岩下的寿佛寺开始登山，佛寺正在岩洞入口处，进入寺中就已经开始进入岩洞了。岩洞分为上、下两层，上洞称七星岩，下洞称栖霞洞。徐霞客主要游览了栖霞洞。

栖霞洞宏大明朗，雄壮开阔，洞顶裂开一条石缝，有一条石鲤鱼跃然欲下，栩栩如生。洞内西北面是高高的平台，沿石阶上去是老君台；东面却是一条深壑，越走越深。

第五章 | 远游与回归

穿过一个门洞后,有阴风吹来,冷刺肌肤。徐霞客揣度,大约是离出口不远了。随着水流的方向出得洞来,徐霞客又马不停蹄地游览了省春岩、弹丸山、朝云岩、水月、荷叶等岩洞,发现洞洞不同,洞洞见奇。

五月初九,徐霞客游览了著名的象鼻山。象鼻山原名漓山,位于桃花江与漓江汇流处,山因酷似一头站在江边伸鼻豪饮漓江甘泉的巨象而得名,被人们称为桂林山水的象征。

象鼻山以神奇著称。其神奇,首先是形神毕似,其次是在鼻、腿之间造就一轮临水明月,构成"象山水月"奇景。坐落西岸的象山水月与漓江东岸的穿月岩相对,一挂于天,一浮于水,形成"漓江双月"的奇特景观。

徐霞客登山览胜,遍游大小溶洞。一路行来,他读山,读水,读岩石溶洞,也读前人摩崖文字。有的随读随录,甚至在瓦片上磨墨而录;有的因历时久远,虽抄录甚久,则因剥落难以辨识而痛惜不全;有的则出钱请摹匠拓工,协助摹拓。

在穿云洞,洞内刻有宋朝人写的《桂林十二岩十二洞歌》,徐霞客欣赏这个题目,想抄下来,可惜高不可及。道士找来两把梯子,靠在石壁上,霞客先站在一把梯子上抄录完这半面,接着再平移到另一把梯子上抄另半面,免去上、下梯时间,好不容易才抄录完出洞。

五月二十一日,徐霞客自桂林乘船沿漓江去阳朔。阳朔位于广西东北部,地貌以石山、丘陵为主,山地为辅。较之桂林,阳朔的山更为雄奇,水流也更加清澈。从桂林到阳朔,一路上,徐

霞客才算切实感受到了桂林山水的魅力。

到了阳朔,徐霞客又同静闻、顾行去探龙洞。他们打着火把由北面进洞,走了一段,洞顶渐高。洞的后壁上有龙影、龙床,龙影下面有两个水池,水清澈如镜,池深仅五六寸,可是上面的泉水流入池中,却一直不满。徐霞客觉得很神奇,认为这应是阳朔八景的第一景。

徐霞客进入阳朔县城后,游览了文昌阁、鉴山寺、状元山、龙洞岩等,对鉴山寺的景色尤为赞赏。五月二十八日,徐霞客自阳朔返回桂林,此次旅程历时八天。

徐霞客在桂林前后共盘桓了近一个半月。六月初十日,他离开桂林,离别途中,不忘游览琴潭岩、牛洞、上岩等。十一日,到苏桥,算是彻底告别了桂林山水。

六月十二日,徐霞客到达柳州,这时静闻和顾行都病倒了。南方的暑天,瘴气弥漫,身体不好的很容易染病。静闻同顾行先前受过伤,身体尚未完全恢复,旅途又遇了点小风寒,受瘴气一冲很快便病倒了。

静闻病重,徐霞客不惜重金为他雇马、雇车、雇轿子。到南宁之后,静闻已虚弱不堪,再也不能与徐霞客同行。

十二月初十,徐霞客出游后返回南宁入崇善寺,得知静闻已于九月二十四日,也就是与他别后一日就逝世了。想到静闻和尚一路上的陪伴和对自己的照顾,徐霞客泪流满面,大放悲声。

为了实现静闻供经鸡足山的遗愿,霞客决定携经负骨继续前行。十二月十九日,徐霞客用一个竹筒装好静闻的遗骨和血写的经书,密封了放进自己的行囊,离开了这伤心之地,向贵州进发。

此次广西之行,徐霞客最大的收获,是考察了当地的诸多溶洞,对一些自然现象的成因进行了探索,给以合乎科学的解释,并对各地地貌特征的差异进行了科学的分析和概括。

广西是国内岩溶地貌覆盖面最广、景观最完备的地区,岩溶面积占广西总面积的百分之四十。徐霞客对桂林附近六十多个岩洞的全面考察,以及对洞内结构的如实描述,让后来国内外学术界叹为观止。

徐霞客是我国历史上第一个完成大面积岩溶地貌考察的先驱者,也是世界上最早系统地考察和分析岩溶地貌的第一人。离开桂林后,徐霞客又仔细考察了勾漏洞、百感岩等,为研究广西地貌增加了很多一手资料。

在贵州山区冒险旅行

明思宗崇祯十一年(1638年)三月二十七日,徐霞客越过艰坪岭,从广西进入贵州下司,开始了更为艰难困苦的旅行。这里山高水急,道路崎岖,且民族众多,相互杂处。

明王朝对少数民族实行土司管理政策,土司之间经常发生械斗,再加上这时已是明末,政府机制松弛、社会治安差等问题,在这天高皇帝远的高原山区更突出,到处是盗贼横行。

艰坪岭是广西与贵州的分界线,南北两边的河流也从此地分流。这里山上的岩石极为巍峨,树木极其浓密,道路也非常崎岖。沿着峡谷西行,逐渐能看见农田,是彝族的聚居区。

徐霞客想从当地找挑夫和坐骑,当地人虽然答应了,但是等了很久也不见有坐骑,只好先派挑夫挑了行李走。一直到了傍晚,才雇到一匹马,可是天已经黑了,骑马在陡峭的山路上走,其危险可想而知。

天黑,路险,分不清是石头的影子,还是人的影子,徐霞客、顾行和挑夫只能靠声音招呼伴行。摸黑走了一段,好容易看到一个寨子,居民很多,然而都不愿意留宿外人。

徐霞客在一户人家的门前守了很久,那家才勉强开了门,

第五章 远游与回归

既没有给他饭吃,也没有招待他住宿,徐霞客只好在光秃秃的地上睡了一晚。

不光住宿条件差,还经常受到惊吓。进入贵州后不久,在去都匀的路上,天忽然下起了大雨,他们躲在树下避雨。

没想到,冷不丁从他们身后冒出四个人来,两个走到徐霞客的伞下,一个走到顾行的伞下,另一个站到挑夫跟前。他们手中各持梭镖、大刀等器械,面目阴沉狰狞。

霞客见此暗吃了一惊,心想情况不妙,但并没有表现出惊慌和不安。过一会儿,徐霞客边上的一个人问他们去哪儿,徐霞客回答说:"去都匀。"

"能给点烟抽吗?"那人又问。

徐霞客说:"我从来不抽烟。"

七个人又冷冷地相持了一会儿,徐霞客看到雨小了,便对顾行说:"可以走了。"

那四个人看看天,也说:"可以走了。"

徐霞客以为他们会跟着走,待到僻静处为难他们,可是走了一段路发现他们仍留在原处,这时才深深地松了口气说:"好险,真不知道他们是什么来头!"

然而,明盗易躲,家贼难防。那时候,食盐很金贵,可以当钱用,有时用很少的盐就可以换到吃食。霞客用竹筒装盐,进贵州后,把一些钱也装在竹筒里。一天,挑夫忽然偷了竹筒里的钱和盐,溜掉了。

徐霞客拿着空空的盐筒,很是气愤。这些都是在广西时,

好友为他筹的旅费,一下就全没了!

　　这使霞客前进的旅途又骤然蒙上了阴影。但他并没有退却,而是继续前行。没有了挑夫,只得和顾行二人抬着行李,跛着脚在山路上跋涉,一路上的艰辛自不必说。

　　徐霞客旅费被偷,行动又不便,想让当地苗民送一程,但是苗民索价太高,他无力支付。一直走到了九家堡这个汉文化程度较高的苗族聚居区,徐霞客才雇到合适的挑夫,继续前行。

　　四月二十四日,正是杜鹃花盛开的季节,漫山遍野如红云铺地,又有翠竹绿树相杂。徐霞客来到了白水河瀑布,也就是如今大名鼎鼎的黄果树瀑布。

　　白水河瀑布,亦名"黄葛墅瀑布"或"黄桷树瀑布",因本地广泛分布着"黄葛榕"而得名。瀑布位于贵州安顺,属珠江水系西江干流南盘江支流北盘江支流打帮河的支流可布河下游白水河段水系,为黄果树瀑布群中规模最大的一级瀑布。

　　徐霞客来到此处也是未见其面,先闻其声。还在两里外,那轰轰水声,似乎正是以高歌欢迎霞客的到来。水从高处跌落深渊,水石相击,如巨雷轰击,声传数里之外。

　　走到近处,徐霞客更是被它宏大的气势深深震撼。他感叹道:"我这一辈子看见的瀑布不少了,比它高峻的有,但是从来没有比它更阔大的了,从瀑布上侧身下望,真是让人毛骨悚然。"

　　是啊,面对永远在变动中的壮美的黄果树大瀑布,霞客怎能不遐思缥缈,心潮澎湃呢?想到来路的万般艰辛,再想想前面的迢迢路程,他似乎从瀑布飞流获得了巨大的启迪和力量:

第五章 | 远游与回归

即便前面是深渊,也要勇敢地跳下去!

之后,徐霞客来到望水亭,面对瀑布坐了很久,他心醉神怡,接着,义无反顾地向前路走去。五月初十,徐霞客到达滇南的胜境关,旁边就是云南的地界了。

算来,徐霞客在贵州境内停留了四十三天,行程一千五百里,大半时间都在匆匆赶路。贵州路面崎岖,交通闭塞,路途不便,加上当地民风彪悍,因而这段时间是徐霞客西行途中最艰难的日子。

在贵州最后的几天,徐霞客还被旅店主人窃去钱物,使他在经济上几乎陷入绝境,幸好遇上了一个来自湖北的商人,慷慨相助,才又勉强支持了些时日。

不过,对于徐霞客来说,只要还能走得动,就算再大的困难也是压倒不了他的。他不是一两次尝到旅途没钱的滋味了,曾经用衣服换米渡过难关。现在是夏天,秋冬的衣服和棉被尽可以用来解燃眉之急。徐霞客没有退却,毅然继续前行。

徐霞客传

入滇完成两件大事

明思宗崇祯十一年(1638年)五月初十日,徐霞客由滇南胜境关进入云南。这是徐霞客第一次来云南,周围的一切和广西、贵州都有差别。越来越绵密的雨水,藏在山林里的秘境,那些鲜为人知的风景,每一样都吸引着他,让他愿意投入所有的热情。

云南地处我国西南边陲,东部与贵州、广西为邻,北部与四川相连,西北部紧依西藏,西部与缅甸接壤,南部和老挝、越南毗邻。

云南属山地高原地形,以元江谷地和云岭山脉南段宽谷为界,分为东、西两大地形区。东部为起伏和缓的低山和浑圆丘陵,西部高山峡谷相间,地势险峻。

这一带奇丽的景色,深深地吸引了徐霞客。他在《滇中花木记》中写道,云南的花木都很奇特,而山茶、山杜鹃最为著名。不过,徐霞客这时的心思不在游玩,而是在于考察珠江源头南、北盘江。

南盘江,古代称温水或盘江,珠江流域干流西江干流河段,发源于云南曲靖乌蒙山余脉马雄山东麓,与红水河共同构成西江上游。北盘江,珠江流域西江上源红水河的大支流,发源于云南沾益乌蒙山脉马雄山西北麓,流经云南、贵州两省,多处为滇、黔界河,至双江口注入红水河左岸。

在很长一段时间内,徐霞客为了考察南、北盘江,从贵州到云南,又出云南至贵州和广西,再返回云南,来回颠簸。这也反映了徐霞客后期旅行的主要目的是科学考察,观赏自然风光反而退居其次。

在广西时,徐霞客见过红水河,现在他一路溯源而上,探访南、北盘江的源头。当时还没有卫星、直升机等先进工具,交通极为不便,光靠两条腿在崇山峻岭间跋涉,其难度可想而知。

徐霞客先找来一切可以得到的资料,包括历代方志和官修地图,将其中的描述抄录下来,又寻访当地百姓,之后,再沿着支流往上溯源。

在云南泸西县境内时,徐霞客曾到府衙去查阅地图,怎奈上面的标注很不精确,加上年代久远、字迹模糊,几乎不可考证。到了贵州后,徐霞客一面继续查资料,一面寻访沿江百姓,可是,得到的答复往往大相径庭。

综合分析完手中资料后,徐霞客推测,南盘江经罗平由黄草坝而下的说法相对可信,于是他便由泸西县直奔罗平县。罗平县位于云南东部,是滇、桂、黔三省结合部。

八月十八日,徐霞客从南门入罗平,四处打听南盘江的流向。后来找到一个叫姜渭滨的读书人,告诉了他南盘江上游的情况。之后他连日出游,探寻盘江。经过踏访,姜所述与盘江走

势完全吻合,此说被徐霞客全部收入日记中。

根据从姜渭滨处得来的线索,徐霞客继续东行,越过滇、黔边界,再次进入贵州,抵达南、北盘江水系分水岭所在的盘县,沿途还考察了南盘江的上游江底河。继而又折返西行,渡过南盘江的支流黄泥河,到达南盘江发源地曲靖。

徐霞客的考证态度是非常严谨的,为了弄清南、北二盘江的来龙去脉,他曾经三次来到曲靖。此后,徐霞客用自己考察的具体结果写成了《盘江考》。

在此之前,《大明一统志》把贵州盘县境内的大黑山定为南、北江的发源地。徐霞客根据实地考察,最终确认南盘江发源于沾益州炎方驿一带,这是有史以来第一次正确地指出了南国大江的源头,这是徐霞客游滇的最大功劳。

考察完成后,徐霞客开始为完成入滇的另一件大事而努力,那就是完成静闻法师的遗愿,将他的遗骨和刺血写成的佛经送到著名的鸡足山悉檀寺。

鸡足山雄踞于云贵高原滇西北宾川县境内西北隅,西与大理、洱源毗邻,北与鹤庆相连,因其山势顶耸西北,尾迤东南,前列三支,后伸一岭,形似鸡足而得名。

鸡足山素有"灵山佛都""天开佛国""华夏第一佛山"等美誉,是佛教禅宗的发源地。当年,释迦牟尼大弟子摩诃迦叶入定鸡足山华首门,奠定了它在佛教界的崇高地位。

悉檀寺在大龙潭上,背靠石鼓峰。明万历丁巳年(1617年),丽江土司木增为母亲祈寿,向朝廷启奏并获准在鸡足山建寺,捐银数万两,延请高僧释禅住持创修,并在寺的大门内建万寿殿,表示祝祷诚心。

十二月二十三日,徐霞客终于来到了大理鸡足山悉檀寺。第二天,他取出装有静闻遗骨的大竹筒,轻轻悬挂在寺院中古梅树上,将静闻刺血所写《法华经》供奉于悉檀寺。二十六日,霞客和弘辩师父一道,在鸡足山左支文笔山尽头的佛塔寺前,庄重地安葬了静闻遗骨。

其后,徐霞客写了《哭静闻禅侣》诗六首,其中有"晓共云关暮共龛""禅销白骨空余梦""别君已许携君骨,夜夜空山泣杜鹃""西望有山生死共,东瞻无侣去来难""含泪痛君仍自痛,存亡分影不分关""死生忽地分今日,聚散经年共此晨"等句,让人感受到了两个人之间的感情。

静闻虔诚向佛,徐霞客志在山川,都是九死而未悔的痴人,他们之间的友谊大概不仅是因为路途中的相依为命,更有彼此深深的理解在里面吧!

在完成入滇大事的同时,徐霞客曾经几次经过昆明。徐霞客在昆明主要是游览当地的一些名胜古迹,在这里也结交了不少志同道合的朋友。昆明的友人们从人力、物力和财力上都给予他很大帮助与支持,为徐霞客的滇西之行提供了物质基础。

畅游云南美丽的风光

明思宗崇祯十二年(1639年)春节期间,徐霞客在完成静闻遗愿后,才纵览鸡足山胜景。鸡足山是佛教名山,附近的古迹也很多,徐霞客在此处逗留了相当长一段时间,得以尽情游览。

徐霞客来的时候,正是鸡足山的鼎盛时期,各寺大师上人,讲经说法,忙得不可开交。徐霞客观山阅水,也是忙得不可开交。他在考察山形地貌之余,遍搜山中的清泉、悬瀑、陡崖、奇树、静室,同时不忘了解诸寺的缘起,闲暇时更是抄录碑刻,寻访遗迹。

春节时当地人有进山礼佛的习俗,山下的"街子"集会开市了,山上的火光彻夜不绝,山上山下的灯火连成一片,好似一条连接天上地下的长龙。

徐霞客站在鸡足山上,看着这熙熙攘攘的人世和清净超脱的佛堂连成一片,内心感慨万千。这几十年人生所历之事一齐涌上心头,他不禁感叹:"度除夕于万峰深处,此一宵胜人间千百宵!"

万里西征之前,徐霞客的老友陈继儒曾写信托丽江土司木增照顾徐霞客。正月二十二日,徐霞客接到丽江府土司木公的邀请,于是,便离开鸡足山奔赴丽江。

丽江古城坐落在丽江坝中部,始建于宋末元初,由丽江木氏先祖将统治中心由白沙古镇迁至现狮子山,开始营造房屋城池,称"大叶场"。城内的街道依山傍水修建,以红色角砾岩铺就。

古城名称来源据说是因为丽江世袭统治者姓木,筑城势必如木字加框而成"困"字之故。丽江古城的纳西名称叫"巩本知","巩本"为仓廪,"知"即集市,丽江古城曾是仓廪集散之地。

正月二十五日,徐霞客抵达丽江府。古时出入丽江,盘查十分严格。在离丽江还有几十里的邱塘关,就设了关卡,出入的人若没有土司的批文不得擅行。

远方来客不得不停下来,守关者进去报告后,得到同意,才准进入。即便有皇帝的诏书,也要在此等候通报。徐霞客是木公的客人,有使者陪同,又有木公亲笔邀请函,当然可以直接而入。

木公听说徐霞客到了,非常高兴,要在福国寺会面。福国寺,藏名奥敏南卓林,意为"色究竟天解脱林"。位于云南丽江白沙乡,始建于明神宗万历二十九年(1601年),当初是木氏土司的家庙,住寺修行的是汉传大乘佛教和尚,寺名为"解脱林",后由明熹宗朱由校赐名为"福国寺"。

寺南山坡上,有别墅一栋,木公常在那里休息。使者领徐

霞客来到木公别墅。木公用最高的礼遇接待徐霞客,他们谈了很久,茶都上了几次。徐霞客起身告别的时候,木公送到门外。

二十九日上午,木公派人给徐霞客送来家藏的一种名贵香料并白银十两。下午又在福国寺东堂五凤楼前款待徐霞客,地上铺了青松毛,还有许多朋友陪宴。木公亲赠霞客银杯二只,绿绉纱一匹。

宴席上,单是精致的佳肴大菜就有十八品。其中不乏西南地区的特色果菜,好多都是徐霞客平生所未见,之后又馈赠稀奇的水果点心给他。宴会一直到天黑了才散。

之后,徐霞客游览了象鼻水,到木家院欣赏了巨型的山茶花。这段时间,他整理编校了木增的文集,并批改木增之子的文章,又为木增推荐名士。这充分体现了徐霞客作为一名中原文化使者,为发展边疆地区民族文化做出的贡献。

这段时间,《徐霞客游记》中的有关篇章,真实记录了明末丽江纳西族聚居区的气候、风光、物产、生活、礼仪和民族关系,具有很高的史料价值。

离开丽江以后,徐霞客经鹤庆,翻岭至剑川,在洱源乘船游茈碧湖,在九气台洗温泉,最终来到云南大理,观看了苍山洱海。

大理位于云南西部,地处云贵高原上的洱海平原,苍山之麓,洱海之滨,是古代南诏国和大理国的都城。作为古代云南地区的政治、经济和文化中心,时间长达五百余年。

第五章 | 远游与回归

徐霞客一进入大理沙坪上关,马上就听说大理有风花雪月四大景:下关风,上关花,苍山雪,洱海月。有人把这四景连成一句诗:

下关风吹上关花,苍山雪映洱海月。

下关冷空气流速快,风吹得特别猛烈,一年之中,大风有三十五天以上,故下关有"风城"之称。上关三家村有棵"十里奇香树",花大如莲,香味胜过桂花,颜色呈粉白色,结的果实黑而坚硬,用作朝珠,故又称为"朝珠花"。

在三家村,徐霞客询问当地老妪,老妪告诉他,奇树就在村后的田间。走近一看,这棵树朝南的一半树干已经空了,但整棵树依然挺直。

据说,树上的花是黄白色的,大小如莲花,有十二瓣,开时每过一个月就增加一瓣花。因花开时,香气在很远的地方都能闻到,当地人称之为"十里香"。古代有志书记载,大理城产木莲花,但是没有注明何地,徐霞客也不敢断言这"十里香"是否就是木莲花。

苍山是云岭山脉南端的主峰,由十九座山峰由北而南组成,北起洱源邓川,南至下关天生桥。苍山十九峰,巍峨雄壮,与秀丽的洱海风光形成强烈对照。每两峰之间都有一条溪水奔泻而下,流入洱海,这就是著名的十八溪。

洱海,古代文献中曾称为叶榆泽,位于大理郊区,宛如一轮新月,静静地依卧在苍山和大理坝子之间,是云南第二大淡水

湖,因形状像一个耳朵而取名为"洱海"。

洱海到苍山之间是一片扇形的冲击平坝,这里田地肥沃、村落相连,崇圣寺三塔笔立挺拔,素有"风景画廊"之称,风光、名胜、民俗融为一体。

在大理点苍山云弄峰下的波罗村,徐霞客观看了有名的蝴蝶泉。蝴蝶泉是大理的奇观,泉水清澈如镜。泉边有棵大合欢树,每年农历四月初开花,花形如蝴蝶,触须和翅膀都栩栩如生。这时,成千上万的真蝴蝶也如约而至,让人分不清是花还是蝴蝶。

"十里香"自正月开到二月就谢了,但蝴蝶泉边的"蝴蝶树",则是四月才开花。徐霞客感叹道:"南北相距不过数里,有这两种奇异花卉,一种已落,另一种还未吐蕊,一开一落不过一个月的工夫。两花的花期从未相遇过。"

三月下旬,徐霞客离开大理,渡过浊浪滚滚、深险莫测的澜沧江,抵达永昌府。进入云南后,徐霞客的身体已经大不如从前,这一方面因为他年事已高,另一方面是西南地区气候潮湿,常年在山中行走,对身体也是很大的损害。

但徐霞客依然不顾险境,迎难而上。他在云南腾冲北境时,详细分析了当地的山川形势,游览了宝峰山、云峰山、迭水河瀑布,考察了怒江及伊洛瓦底江水系的龙川江、大盈江的源流,还顺道看了干峨的海子、腊幸附近的温泉和打鹰山。徐霞客在腾冲着力考察了这里独具特色的火山地热现象。

腾冲是徐霞客一生游历过的最西端。在这里,他涉足滇滩关、姊妹山一带,详记了三宣、六慰、八关、九隘等边境形势;他途经景颇族、傣族聚居区,详细记载了当地的风土民情和土特产品;他考察了明光六厂的银矿、腾冲赶街的习俗和丛山中的各式桥梁。因而,这一段时间的《徐霞客游记》再现了明末腾冲一带社会生活的生动画面,具有珍贵的史料价值。

回到日思夜想的家乡

明思宗崇祯十二年(1639年)八月初一日,徐霞客从云南小猎彝出发,往东南经枯柯新街、右甸、顺宁府到达云州。复回顺宁府,往北渡过澜沧江和黑惠江入蒙化府,转东过龙庆关到迷渡,再往东转北,经过洱海卫、宾川府,于二月二十日回到鸡足山。

这是徐霞客一生中最后一段壮游,走这条线路是为了考察澜沧江。在云县,徐霞客终于搞清了澜沧江独流入海,而不是与礼社江合流,这一说法订正了《大明一统志》中的谬误。

在弥渡和巍山,徐霞客又得以亲眼见到礼社江的源流。至此,徐霞客在云南完成了对长江、珠江、红河、澜沧江、怒江以及伊洛瓦底江支流六条大河的考察。

九月十五日,徐霞客受丽江土司木增所托,修撰《鸡足山志》。就徐霞客对鸡足山的了解以及他广泛的阅历来说,没有人比他更适合修这部志了。

徐霞客对鸡足山的地理,作了更详细的考察。他已是五十多岁的老人,还在陡峭的山岭间攀缘。他仔细地记叙了鸡足山的山名、山脉、山界以及开拓的历史,精确地写下了鸡足山的峰、岩、洞、岭、梯、谷、坪、峡和林泉、瀑布、温泉等地形地貌。

鸡足山南部放光寺的山谷,因大气层密度不同,能形成海市蜃楼的幻景,他对此也作了科学分析,认为这是山川河谷之中的气流和光多重作用的结果。几百年前,封建迷信几乎占据了人们的头脑,徐霞客能有这样的见识是非常难得的。

徐霞客在鸡足山写下了两万余字的日记,重修了《鸡足山志》,还写了一些诗歌来赞美鸡足山的美景。可惜《鸡足山志》现在已佚,保存至今的只有《鸡足山志目》与一部分《鸡足山志略》。

由于徐霞客久涉瘴疠之地,加之长年奔波于旅途中,饮食粗陋,身体已积劳成疾。到鸡足山后,他的脸上、四肢都发起了疹块,皮肤红肿,左耳和左脚不时有瘙痒之感。

起初,他以为是身上长了虱子、跳蚤之类,后来才知道,由于长期在潮湿多雨的环境中行走,已有了严重的风湿病。刚开始,服一些汤药,再勤泡温泉浴,能有些好转。可是后来情况越来越严重,居然发展成双脚失去知觉,连平常行走都十分艰难。在鸡足山居住的后期,他只能足不出户,整日在悉檀寺北楼伏案写作。

这一年的九月初,也是在徐霞客上山后,常年跟随他的仆人顾行偷走他的钱物后逃跑了。顾行一直追随徐霞客,不离不弃。这一次突然逃跑大概是因为思乡情切,无法遏制了。

寺内僧人提出要帮他去追赶,徐霞客没有应允。不管怎样,追随多年的老仆突然在万里之外的异乡撇下自己而去,还是让

年老体衰的徐霞客悲苦万端。

之后的日子里,徐霞客的身体状况一天天恶化,归乡之意也越来越迫切。崇祯十三年(1640年)正月,丽江土司木增命八个纳西壮汉用滑竿送徐霞客返乡。当徐霞客向悉檀寺众僧告别时,全寺僧人在山门排成长队挥泪相送。

崇祯十三年夏天,徐霞客回到老家后,由于身体原因,相当长一段时间都不能会客。每天卧床休息,这对于他这样一个游遍天下的大旅行家来说,应该是相当痛苦的一件事吧?

徐霞客将旅途中搜罗来的怪石放在榻前,每天看着、摩挲着,回忆一生在旅途中度过的时光。

也许是觉得时日无多,徐霞客对大儿子徐屺说:"我这辈子几乎游遍了胜境,颇有些遭遇,早已经看透生死,我平生也没有什么牵挂了。如今自觉时日无多,只是想在临死前和好朋友黄道周见一面,如此一来,就没什么好遗憾的了。"

黄道周,字幼玄,一作幼平或幼元,又字螭若、螭平,号石斋,福建漳州府漳浦县人,祖籍福建莆田,其曾祖从莆田迁徙至漳州。

黄道周是明末著名学者,有"闽中大师"之称,他自幼聪慧好学,后精通天文、地理、经史、诗赋、历法、数学、绘画,书法更称得上是一代名家。

徐霞客对黄道周十分敬仰,与之结为生死之交,称赞他:"字画为馆阁第一,文章为国朝第一,人品为海内第一,其学问直接周、孔,为古今第一。"更为难得的是,黄道周也喜欢游览名山大川,后来留下了很多地理学方面的著作。

徐霞客与黄道周的友谊开始于崇祯元年(1628年),当时刚为母亲守完孝的徐霞客从浙江出发,经闽北南平、永安到漳州时,特地转道漳浦拜访黄道周。

此时,黄道周正在漳浦县北山为他的父母亲墓庐守制。这一年,他家中接连遭遇不幸,祖母、伯叔、妻子相继去世。两人一见如故,长谈至深夜,从此互相引为知己。黄道周后来写了一首诗回忆当时的情景:

事亲至孝犹远游,万里看余墓下栖……

两年后,黄道周守孝期满,复官进京,路经毗陵,过访好友郑鄤,然后单车就道,继续北上。稍后徐霞客也来拜访郑鄤,知道黄道周刚走,便雇船一直追到丹阳。

两人逆旅相会,沽酒对饮,且饮且题诗。黄道周同样写了一首诗记录此次会面情景,称赞徐霞客的事业是雄伟的事业,表达了对挚友的关心与眷恋:

江阴徐君杖履雄,自表五岳之霞客……

崇祯五年(1632年)正月,黄道周因为给钱龙锡说情而获罪,削籍回乡,于当年二月挂冠回乡,南归途中访徐霞客于江阴。他俩结伴遍访黄山、白岳、九华、皖台、匡庐诸名胜。这次欢聚,也被黄道周引为平生一大快事。直到黄道周率兵抗清失败,英勇就义前,他还写诗《告辞十八翁》,向他游览过的十八座名

山告辞。

崇祯七年(1634年),徐霞客再次跋涉千里入闽看望遭贬的老友,并于道中专门拜访了大峰岩。大峰岩就是福建平和县大溪乡的灵通岩,黄道周年轻时曾在那里开馆授徒。

黄道周听说后十分感动,写下《赋得孤云独往还赠徐霞客》:

何处不仙峤,长游已达还。
猿鱼新换径,虎豹久迷关。
天纵几人逸,生扶半世闲。
楞枷言语外,别寄与谁酬?

崇祯十一年(1638年),黄道周指斥大臣杨嗣昌等妄自议和,七月初五,崇祯帝在平台召开御前会议。崇祯帝袒护杨嗣昌,黄道周极力争辩,这场有名的辩论之后,黄道周被连贬六级。

崇祯十三年(1640年),江西巡抚解学龙以"忠孝"为由向朝廷举荐黄道周。解学龙说:"我明道学宗主,可任辅导(相)。"崇祯一听大怒,下令逮捕二人入狱,以"伪学欺世"之罪重治。

此时,徐霞客刚结束大西南旅行回到江阴故里,得知情况后,他立即叫儿子徐屺带上衣物前往京都慰问。黄道周用受刑带血的手给徐写信。

几天后,徐霞客读到儿子带回的《狱中答霞客书》,为好友的艰难处境难受得以手拍床,长吁短叹,连饭都吃不下去了。

崇祯十四年(1641年)正月末,伟大的旅行家、地理学家徐

第五章 | 远游与回归

霞客溘然长逝,享年五十五岁。由于徐霞客从云南归来不久便与世长辞,他没有时间亲自整理日记。

临终前,徐霞客把好友、家庭教师季梦良叫到床前。他打开行箧,取出游记稿,对季梦良说:"我一生览胜探奇,但也丝毫不敢懈怠,游完必将经历写在日记内。现在这些手稿杂乱无章,恳请你代为整理编辑。"

季梦良怕自己做不好,推辞了一番。徐霞客说:"我们俩经常在一起谈论旅途见闻,你又是我的好朋友,这件事情交给你,我再放心不过了。"见徐霞客这么说,季梦良才郑重地应了下来。

然而,徐霞客已经等不到这本书面世了。徐霞客又手书"寒山无忘灶下",命徐屺北渡至靖江,探望时任该县县令的挚友陈函辉。此外,还拜托徐仲昭请陈函辉为自己撰写传志。

徐霞客在病中翻看自己收集的岩石标本。临死前,他手里还紧紧握着考察中带回的两块石头,怀想着自己一生的逍遥游,对儿子说:"此生无悔。"

这年三月初九日,徐霞客被葬于前马桥之原。黄道周作《挽徐霞客》诗及《遗奠霞客寓长君书》,沉痛悼念霞客。诗书中有"十州五岳齐挥泪,屐齿无因共数峰"之句和"缙绅倾盖白头者多矣,要于嚼然物表,死生不易,割肝相示者,独有尊公"之语,对霞客之死深表哀痛,对霞客之伟大业绩和风范气节给予高度评价。

徐家当时在江阴也还算名门望族,与很多社会名流有来往,有着雄厚的社会资源和经济实力。但是让人遗憾的是,他

去世后不久,整个家庭及其家族就很快衰落,从而导致《徐霞客游记》手稿的散佚。

徐霞客去世后三年,清兵入关南下。江南人民因反抗最为激烈,遭受了所谓的"扬州十日"和"嘉定三屠",都是惨无人道的烧杀抢掠,徐霞客的家乡江阴也遭到蹂躏。

在江阴城被围困期间,一场针对缙绅地主的奴变风潮在乡村蔓延开来。由于江阴县城被围,地方政权已经不复存在了,远在江阴南乡的徐氏家族便成为奴仆们斗争的对象。

七月十五日是中元节,这一天的晚上,徐氏家族多处受到了围攻,徐霞客的长子徐屺和许多亲人不幸遇难,《游记》手稿也因之散佚。好在,之前已经有民间人士辗转传抄他的日记手稿,部分内容才得以保存下来。

《游记》的焚毁和家族的灾难彻底打垮了徐家。然而,四十几年后,一个人挽救了这个家族的命运。此人名叫李寄,据说是徐霞客的儿子。

李寄走完了父亲走过的大部分地方以后,便在花山的山居庵里开始了长达五年的收集整理工作。在整理的过程中,各种版本《游记》的残缺与失真让李寄既感痛心,又感困难重重。

有一次,李寄在整理《游记》抄本时,看到了季会明加的一份按语,按语中提及在宜兴曹骏甫手里还有一份抄本。李寄立即托朋友到宜兴去打听,然而这个曹骏甫早已经去世了。

第二年,李寄又从朋友那里得到了一条新的线索。他倍感兴奋,随即徒步走到宜兴。经过多方打听,李寄终于找到了一个叫史夏隆的人。

从史夏隆那里买下那部抄本后,李寄如获至宝地背回江阴,悉心整理编撰,然而整理的过程同样艰辛和曲折。当整理脱稿时,李寄已是七十岁高龄。康熙二十九年(1690年),李寄在贫困与病痛中去世。

李寄一生坎坷,终身未娶,倾其全部为后人留下了这部《徐霞客游记》的"李寄抄本"。三百多年来,《徐霞客游记》出现了数十种抄本,而"徐学"界历来都把"李寄本"誉为"诸本之祖"。

徐霞客前期旅行历时近三十年,足迹遍及江苏、浙江、安徽、山东、河南、河北、北京、陕西、山西、江西、福建、广东、湖北等省市,前期留下游记十七篇。

除了前、后两篇《闽游日记》外,其他十五篇均为游名山日记,如天台山、雁荡山、黄山、庐山等名山。后期有《浙游日记》《江右游日记》《楚游日记》《粤西游日记》《黔游日记》《滇游日记》等篇目,除散佚者外,前后共有六十余万字游记资料。

从篇幅上说,以晚期西南之行所占分量最重。前期十七篇游记仅占一卷,后面《浙游日记》《江右游日记》《楚游日记》《黔游日记》各占一卷,《粤西游日记》占两卷,而《滇游日记》独占六卷。不难看出,徐霞客成就最辉煌的,是在广西、贵州、云南境内的考察。

这世上,从来就没有不劳而获的东西,付出的代价愈高,收获也就愈大,每一朵成功的奇葩背后,都凝聚着无数辛勤的汗水。徐霞客艰苦卓绝的游历,最终结出了丰硕的成果,这成果

便是《徐霞客游记》。正是这部皇皇巨著奠定了徐霞客的历史地位。他的墓碑上刻着九个大字：

明高士霞客徐氏之墓